VIE

DU PÈRE

PIERRE FAVRE,

DE LA COMPAGNIE DE JÉSUS ;

Par M. Dépommier,

CHANOINE ET PROFESSEUR DE THÉOLOGIE ;

SUIVIE D'UNE

NOTICE HISTORIQUE

SUR SAINT BERNARD DE MENTHON,

Par le même AUTEUR.

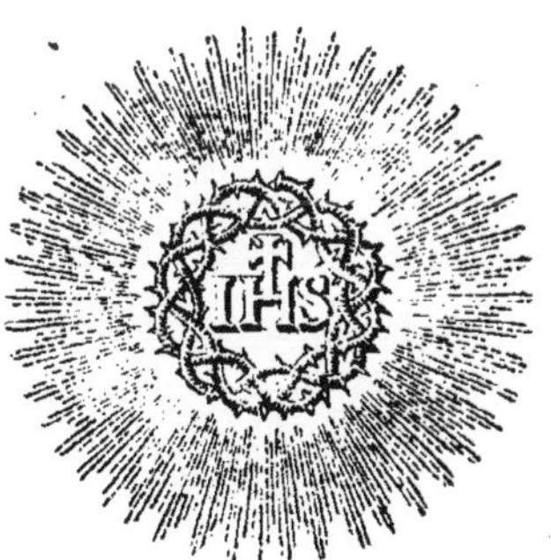

A CHAMBÉRY,

CHEZ PUTHOD, IMPRIMEUR-LIBRAIRE DU CLERGÉ.

M DCCC XXXII.

VIE

DU PÈRE

PIERRE FAVRE,

DE LA COMPAGNIE DE JÉSUS.

VIE

DU PÈRE

PIERRE FAVRE,

DE LA COMPAGNIE DE JÉSUS ;

Par M. Dépommier,

CHANOINE ET PROFESSEUR DE THÉOLOGIE ;

SUIVIE D'UNE

NOTICE HISTORIQUE

SUR SAINT BERNARD DE MENTHON,

Par le même **Auteur**.

A CHAMBÉRY,

CHEZ PUTHOD, IMPRIMEUR-LIBRAIRE DU CLERGÉ.

M DCCC XXXII.

A sa Grandeur

MONSEIGNEUR REY,

ÉVÊQUE D'ANNECY,

ADMINISTRATEUR APOSTOLIQUE DU DIOCÈSE DE PIGNEROL,

Chevalier des SS. Maurice et Lazare,

CONSEILLER D'ÉTAT.

Monseigneur,

Qu'il me soit permis de saisir l'heureux moment où le Ciel, propice à nos vœux, vous ramène au sein de la patrie, pour faire paraître sous vos auspices la Vie du P. Pierre Favre, de la Compagnie de Jésus.

*

C'est sans doute en faveur du sentiment qui l'inspire, que Votre Grandeur daigne accueillir ce faible tribut d'amour et de vénération. Je n'aurais pas même osé le lui offrir, si je ne m'étais prévalu de cette bienveillance paternelle dont elle m'honore depuis tant d'années, et qui fait le charme de ma vie.

Qui mieux que vous, MONSEIGNEUR, pourrait s'intéresser à la mémoire d'un illustre Missionnaire, qui fait tant d'honneur à la Société dont il fut une des premières colonnes, et au pays de sa naissance, qui l'a peut-être trop oublié; d'un saint Apôtre, qui n'a illustré sa trop courte et laborieuse carrière qu'en faisant le bien; d'une brillante lumière, qu'il plut au Ciel de tirer, il y a trois siècles, d'un petit hameau de votre Diocèse, pour la promener sur l'Europe entière, et l'opposer aux ravages des plus désolantes erreurs? Je suis donc assuré, MONSEIGNEUR, qu'à l'exemple du bienheureux Evêque de Genève, dont vous allez retracer l'image au milieu de nous, vous aurez pour cet humble et fervent Religieux une tendre dévotion, et que tôt ou tard on entendra aussi votre voix éloquente retentir sur le berceau du vénérable LEFÊVRE, *pour y célébrer sa sainteté et ses glorieux triomphes.*

Que ne m'est-il donné, MONSEIGNEUR, d'emprunter votre plume, pour redire à mes compatriotes les travaux et les vertus de cet homme apostolique! Du moins, votre nom, MONSEIGNEUR, ce nom vénéré et si cher à la Religion, placé à la tête de ce petit ouvrage, lui assurera un accueil bienveillant auprès du vénérable Clergé et des pieux fidèles de votre Diocèse et de toute la

Savoie. Mon premier vœu est qu'il puisse vous être agréable et contribuer à la gloire du saint Prêtre dont j'ai essayé d'écrire la vie.

J'ai l'honneur d'être, avec la plus tendre vénération,

MONSEIGNEUR,

Votre très-humble et très-affectionné serviteur,

Le Chan.e Dépommier,

Prof. de Théologie.

PRÉFACE.

En publiant la vie d'un saint Prêtre, qui a laissé une mémoire si justement révérée dans la Compagnie de Jésus, je crois avoir bien mérité de cet amour de la patrie, si cher à tout vrai Savoyard. Faire revivre le souvenir des grands hommes, c'est avoir retrouvé des trésors perdus. Quelle richesse en effet plus nationale, plus pure et plus féconde que le nom de ceux qui ont illustré leur pays par des talens et par de grandes actions?

J'aurais atteint mon but si je pouvais attirer l'attention de la génération actuelle sur cet homme vertueux, que nos ancêtres qualifièrent du titre de Bienheureux, que St François de Sales lui-même honora d'un culte religieux, et dont le génie et les grands travaux excitent encore la reconnaissance et l'admiration dans l'illustre Société dont il fut un des premiers fondateurs. Quelle est la classe de la société à qui il ne puisse être offert pour modèle ? Est-il une mère de famille qui ne pût avec succès le mettre sous les yeux de ses enfans ?

Je voudrais que la nombreuse et florissante jeunesse qui remplit nos écoles trouvât dans la vie du P. Favre un encouragement à l'étude et à la vertu. Il fut le modèle des bons écoliers avant d'être un savant professeur, un apôtre de la Foi catholique. Placé dans des circonstances bien moins favorables à la culture de l'esprit qu'elles ne le seraient aujourd'hui, que d'obstacles n'eut-il pas à surmonter pour développer et polir le beau talent que le ciel lui avait donné ! Né dans un état de médiocrité voisin de l'indigence, sans ressource du côté de sa famille, dépourvu des moyens nombreux qu'un gouvernement paternel multiplie de nos jours pour encourager l'étude des sciences, il n'eut, pour acquérir des connaissances si étendues et si variées, que sa propre persévérance, l'instinct de son génie et de la haute mission à laquelle la Providence l'avait appelé.

J'oserais même espérer que les fervens Lévites qui font la gloire et la richesse de nos Séminaires, retrouveraient dans le pieux Favre des vertus et des œuvres bien dignes d'exciter leur émulation.

Il n'est pas jusqu'aux bergers de nos campagnes qui ne puissent trouver quelque chose à leur portée dans celui qui était déjà un modèle de sagesse et de piété, pendant qu'il gardait encore les troupeaux sur les montagnes qui environnent le lieu de sa naissance. En passant par tant de situations différentes, il a laissé sur la terre des traces sur lesquelles toutes les conditions peuvent essayer de marcher. Je voudrais au moins que ceux qui n'auront pas le courage d'imiter ses vertus, en eussent assez pour les admirer.

Pourquoi reporter sans cesse notre attention loin de nous, et nous occuper presque exclusivement de l'histoire et de la littérature d'un autre peuple ? Notre patrie n'a-t-elle ni souvenirs historiques ni modèles à proposer? Avons-nous même en ce genre quelque chose à envier aux nations qui nous environnent ? Où trouver une région recouverte de souvenirs plus touchans ? Que de pieux sanctuaires, que de monumens révérés attestent hautement les grandes œuvres et les succès en tout genre de nos illustres compatriotes ! La contrée qui a vu naître les Bernard de Menthon, les Anthelme, les François de Sales et tant d'autres bienfaiteurs de l'humanité, aurait-elle à se plaindre de la pénurie de son histoire nationale ! Heureux pays, qui n'a besoin que de montrer aux générations qui arrivent ce que furent les ancêtres, pour exciter l'émulation de tous les succès et faire éclore toutes les vertus!

Gardons-nous de nous laisser éblouir par les prétentions exagérées d'une nation qui se croit plus éclairée et plus digne d'estime que tous les autres peuples, qui ne reconnaît le mérite que lorsqu'il a germé sur son sol, et qui se trouve en possession depuis trop long-temps de distribuer les palmes de la renommée. Sa prétendue supériorité ne serait peut-être qu'une grande illusion, s'il y avait un peu plus de réflexion et de vrai patriotisme chez ses voisins.

Mettons donc quelque borne à notre timidité et à notre défiance de nous-même, qui paralyse le talent, engourdit et décourage quelquefois les génies les plus capables de contribuer au bonheur et à la gloire de la patrie.

VIE

DU PÈRE

PIERRE FAVRE,

DE LA COMPAGNIE DE JÉSUS.

CHAPITRE PREMIER.

ORIGINE, ÉDUCATION ET PREMIÈRES ÉTUDES DU PÈRE PIERRE FAVRE.

PIERRE FAVRE (dit le bienheureux Lefèvre) (1), naquit le 13 avril 1506, au Villaret, paroisse de Saint-Jean-des-Sixts, à l'entrée du beau et riche vallon du Grand-Bornand, province du Genevois.

(1) Dans les écrits de la Compagnie de Jésus le P. Favre est ordinairement qualifié de *vénérable*.

Le nom de cet illustre compatriote a subi bien des variantes, non-seulement dans le langage populaire, mais même chez les auteurs Français. Ils écrivent *Faure*, *Favre*, *Fabre*, *Fèvre*, *Lefèvre*, *Lefèbre*.

Dans les auteurs latins et italiens on trouve constamment *Faber*, *Fabro*. J'ai donc cru devoir restituer ici au P. Favre son vrai nom de famille, ainsi que l'a fait l'abbé Grillet dans son Dictionnaire.

Son père Louis Favre, et sa mère Marie Perrissin, l'un et l'autre d'une famille honnête, mais peu favorisée des biens de la fortune, mirent un soin extrême à conserver l'innocence du jeune Pierre, et à développer son intelligence précoce par une instruction solidement religieuse. C'était là toute la science de ces bons et vertueux villageois. Connaître Dieu et les lois saintes de l'Evangile, s'attacher sans relâche aux leçons et aux exemples de ce bon maître qui se communique de préférence aux pauvres et aux petits : telle était la sagesse de nos bons aïeux ; elle suffisait pour embellir leur intelligence de pensées plus sublimes, plus pures, et surtout plus utiles, que toutes les brillantes rêveries de l'ancienne ou moderne philosophie. Nos paisibles montagnards, qui ne savaient des lettres humaines, que ce qu'il en faut pour comprendre et goûter l'enseignement de la religion, trouvaient dans cette science unique d'ineffables ressources pour agrandir leurs idées, adoucir et épurer leurs mœurs, et pratiquer sans ostentation les plus touchantes vertus. De là cette loyauté, cette probité sévère dans leur commerce ; cette charité douce et compatissante pour le malheur ; cette aménité même, dans leurs rapports de société; cette heureuse harmonie qui régnait dans les familles, dont tous les liens étaient fortifiés et embellis par les inspirations de la Foi.

Tels furent les exemples et les premières leçons que le jeune Favre reçut dans sa famille. Il n'était même pas destiné à en recevoir d'autres; sa condition ainsi que la fortune de ses parens semblaient devoir lui interdire à jamais l'étude des lettres. Ainsi ses premières années se passèrent à la garde du troupeau de son père, soit au hameau du Villaret, soit, pendant l'été, dans les immenses et beaux pâturages des hautes montagnes du Grand-Bornand. Voué à cette paisible et innocente occupation, comme autrefois les enfans de Jacob, il aurait coulé des jours purs et sereins, loin du spectacle hideux des désordres et de la perversité humaine, sans ambition, sans autre souci que d'obéir et de se rendre agréable à Dieu et à ses vertueux parens; sans autre étude que celle des élémens de la doctrine chrétienne, dans laquelle il excella de si bonne heure, qu'il en faisait la répétition aux enfans de son âge et même quelquefois à toute la réunion des habitans du village. Mais il n'était encore qu'un enfant, qu'il sentait déjà le besoin d'acquérir une instruction plus développée, non point pour échapper aux privations et à l'obscurité de sa condition native, qui avait pour lui bien des charmes, mais précisément pour satisfaire à je ne sais quelle ardeur de savoir et d'étendre un génie actif et pénétrant, et surtout de se vouer à l'étude de cette religion sainte, qui captivait son ame tout entière. Louis Favre voyait avec plaisir la vivacité d'esprit et les premières étincelles des talens du jeune Pierre, mais il manquait de ressources pour fournir à la dépense d'un cours d'études, alors surtout que les moyens d'instruction étaient encore si arriérés en Savoie, comme dans presque toute l'Europe, à peine échappée aux ténèbres de la barbarie. Il lui était pénible de résister aux désirs impatiens de son fils ; mais la culture de son champ et le produit de son troupeau suffisaient à peine à l'entretien de sa famille. Pourtant il finit par se confier à la Providence, en cédant aux prières et aux larmes du jeune Pierre. On l'envoie d'abord fréquenter l'école du Grand-Bornand, et bientôt après on le confie à un pieux Ecclésiastique (1) de Thônes, sous la conduite duquel il profita beaucoup, et en assez peu de temps, dans la carrière des lettres.

Ce premier succès encouragea ses parens ; aussi après de nouvelles instances, il obtint d'être admis au collége de La Roche, sous la direction du docteur P Veillard, prêtre d'un rare mérite et d'une sainteté éminente (2). Favre lui conserva toute sa vie une profonde vénération ; il l'invoquait même comme un saint protecteur, et ne cessait de le proposer comme un parfait modèle à tous les maîtres destinés à l'instruction de la jeunesse. Au rapport de Favre, le sage Veillard, soit qu'il expliquât à ses élèves les poètes, les orateurs, ou les saintes lettres, avait un talent merveilleux pour y puiser

(1) Bartoli opere, *Della Compagnia di Gesù. — Dell' Italia, lib.* 1, *cap.* 9.

(2) *Jam et divina benignitas peridonæum alumno suo ludimagistrum providerat P. Veliardum, virum vitâ, moribusque tàm sanctis ut Faber ipse eum, postquam decesserat, nunquam dubitarit tanquam unum aliquem de cœlestibus invocare.* (Orlandini, Vita P. Fabri, lib. 1, cap. 1.)

N. B. Dans la rédaction de cette histoire, je me suis attaché de préférence à suivre le sage et élégant Orlandini, auteur de l'Histoire des premiers Pères de la Compagnie de Jésus. Le même a donné séparément

des leçons intéressantes et propres à former leur cœur, tout en cultivant leur intelligence et leur goût. Ce pieux instituteur avait su distinguer de bonne heure les talens et les heureuses qualités de P. Favre; aussi s'appliqua-t-il avec un soin spécial à la culture de cette jeune plante, qui lui promettait des fruits si consolans. Sous un tel maître, Favre ne se contenta pas d'orner son esprit des riches trésors de la littérature grecque et latine, mais il étendit et perfectionna son goût pour la piété.

Parvenu à l'âge de 12 à 13 ans, plein de modestie et de ferveur, d'une retenue et d'une réflexion bien au-dessus de son âge, déjà il entrevoyait les périls qui entourent la vertu dans la jeunesse. Pendant les vacances, et quelquefois même pendant l'année, quand il rentrait dans sa famille, il ne dédaignait pas de reprendre la garde de son troupeau; seul au milieu des champs, tantôt il s'occupait de ses études, tantôt il priait et médi-

la Vie du P. Favre (*Vita P. Fabri. Lugduni, an.* 1617), ouvrage plein de goût, d'une latinité pure et soignée. Il fut dédié à saint François de Sales par l'éditeur.

Orlandini jouit d'une réputation justement méritée. Plein de candeur et de critique, il tirait ses récits soit du témoignage des auteurs contemporains, soit encore des Mémoires soigneusement conservés dans sa Compagnie.

Il est fâcheux que sa facilité l'entraîne quelquefois dans des longueurs un peu fatigantes.

Voyez FELLER, art. *Orlandini.*

Le savant Bartoli m'a aussi été d'un grand secours.

Della Compagnia di Gesù, vol. V. — Dell' Italia, lib. 1, *cap.* 9, 10, *ecc.*

tait les vérités éternelles. Dans ses pieuses communications avec cette adorable sagesse, qui se plaît surtout parmi les lis de l'innocence, Favre pressé par le mouvement d'une ardente charité, crut ne pouvoir faire à Dieu un sacrifice plus agréable que celui d'une chasteté pure et inaltérable. Il fit donc vœu de virginité sous la protection de la Reine des Anges, bien résolu à conserver jusqu'au dernier soupir cette vertu angélique qui se présentait à lui avec tant de charmes.

Outre la prière habituelle et les soins d'une vigilance sévère, dont il ne se départit jamais, Favre confessait hautement qu'il avait trouvé dans son application à l'étude une puissante ressource contre les orages et les tentations du premier âge. « Un « travail soutenu et opiniâtre, disait-il, en même « temps qu'il mortifie le corps, occupe aussi l'es« prit, et fournit une diversion puissante contre « les écarts d'une imagination vagabonde, et le « funeste entraînement aux plaisirs sensuels. » Hélas ! combien de jeunes gens se seraient épargné des chutes humiliantes et des regrets bien amers, s'ils avaient su éviter les périls de l'oisiveté, et donner à l'étude toute l'activité, toute l'ardeur des plus belles années de la vie !

Il y avait environ neuf ans que Favre cultivait les talens que le ciel lui avait donnés. Il s'était rendu familières les langues latine et grecque, au point d'en lire et traduire les auteurs avec une rare facilité. La rhétorique et les élémens de la philosophie et de la théologie avaient ensuite fourni un aliment à son activité. On assure même qu'il rédigea dès lors un petit traité sur les sacremens, d'après le *Maître des sentences* (1). Cependant le moment était venu où les ressources qu'il trouvait dans le petit collége de La Roche, ne pouvaient plus suffire à cette soif ardente de lumières et d'instruction, dont il était dévoré. Alors le docteur Veillard, malgré le désir qu'il aurait eu de retenir plus long-temps un sujet qu'il chérissait comme son fils, jugea qu'un talent si distingué avait besoin d'être placé sur un plus grand théâtre, pour prendre tout son essor. Il lui conseilla donc d'aller perfectionner ses études à l'Université de Paris, depuis long-temps une des premières écoles du monde.

(1) Bartoli, *lib.* 1, *cap.* 9.

CHAPITRE II.

PIERRE FAVRE SE REND A L'UNIVERSITÉ DE PARIS, POUR Y ACHEVER SES ÉTUDES.

(1527). Depuis assez long-temps, Favre toujours poursuivi du désir de s'instruire, portait avec avidité ses regards vers la capitale de la France. Il fut encouragé et sans doute aidé pour ce dessein par Don G. Favre son oncle, alors Prieur de la Chartreuse du Reposoir en Savoie (1). Malgré les larmes de sa mère et la modicité de ses ressources, il quitta son pays, en mettant toute sa confiance en celui qui *nourrit les oiseaux du ciel, et donne au lis sa brillante parure*. Arrivé à Paris, il obtint une place gratuite au collége de Sainte-Barbe. Les historiens de sa vie ne nous font point connaître la main bienfaisante qui lui procura cette faveur signalée, sans laquelle il est assez probable que les cours de l'Université eussent été inaccessibles au jeune Savoisien.

(1) Bartoli, *Dell' Italia*, *lib.* 1, *cap.* 16.

Dès son entrée au collége de Sainte-Barbe, il suivit avec une application extraordinaire les leçons de philosophie du docteur Pegna, qui conçut aussitôt une grande estime et une sincère affection pour son élève ; il aimait à lui faire expliquer le texte grec des anciens philosophes, et lui trouvait une rare facilité pour ce genre d'exercice. Un jugement vif et droit, une dialectique serrée, une grande attention à méditer et à prendre en note les leçons publiques de l'Université, ainsi qu'à lire les ouvrages des grands maîtres : tout contribuait à assurer le succès de ses études philosophiques. Aussi fut-il, après les épreuves ordinaires, reçu maître ès-arts, avec l'applaudissement général, à l'âge d'environ 25 ans.

Le ciel, en conduisant Favre au collége de Sainte-Barbe, avait eu sur lui des vues de miséricorde. Pour lui, c'était plutôt l'attrait de la science qui l'avait amené à Paris ; il n'avait pas même encore de dessein bien formé sur le choix d'un état. Sans fortune, sans protection, sans connaissances qui eussent pu lui ouvrir ce qu'on nomme dans le monde une carrière brillante, il ne savait trop quel serait son avenir. Combien il se doutait peu du rôle qu'il allait remplir, dans une des plus importantes institutions des temps modernes !

A son entrée à Sainte-Barbe, on lui avait donné pour compagnon d'études et de logement, François Xavier, jeune gentilhomme Navarrois, avec lequel Favre se lia presque aussitôt d'une étroite amitié, malgré la diversité de leur condition et de leur caractère. Le Navarrois, plein de vivacité et de talent, fier de la beauté de son génie et de ses succès, vain jusqu'à la présomption, unissait aux sentimens les plus élevés une ambition sans mesure. Il y avait dans cette grande ame tout ce qu'il fallait pour donner au monde un conquérant ou un apôtre, selon le mobile qui aurait inspiré ses desseins et dirigé son activité prodigieuse. Le jeune Savoisien était au contraire doux, modeste, et d'une simplicité qui rappelait sa première condition. Un esprit juste et solide, un cœur bon et droit, beaucoup de discrétion, de prudence et de savoir: voilà les qualités qui lui gagnèrent l'estime et l'affection de Xavier. Ayant l'un et l'autre beaucoup de capacité, une même ardeur pour la science, ils s'excitaient, ils s'entr'aidaient l'un l'autre sans rivalité; leurs succès, leurs peines, leurs consolations, tout était commun entre Favre et Xavier. Ils jouissaient ainsi de tous les charmes d'une amitié tendre et solide, lorsque Ignace de Loyola entra au même collége pour y faire son cours de philosophie. Le docteur Pegna, entièrement revenu de ses premières préventions contre Ignace, chargea Favre de lui répéter les leçons de philosophie expliquées au cours public. Ignace se trouva donc en relation intime avec les deux jeunes Théologiens Favre et Xavier; peu de temps après, il fut même logé dans le même appartement. Ignace, tout en dévorant les dégoûts et les fatigues d'un cours d'études entrepris trop tard, ne pouvait déjà plus modérer les ardeurs de son zèle. Sorti de sa grotte de Manrese, brûlant du feu divin, partout où il portait ses pas, il devenait un Apôtre, au risque d'attirer sur lui les humiliations et les opprobres, auxquels il semblait insensible. Il n'eut pas de peine à découvrir dans ses deux jeunes compagnons les qualités les plus heureuses et des ressources inappréciables pour le grand dessein qu'il méditait. Il s'attacha d'abord à gagner la confiance de son répétiteur. Favre se trouvait alors dans les plus étranges perplexités. Soit qu'il eût laissé refroidir sa première ferveur, par une application trop exclusive à l'étude des sciences, soit que, par des négligences plus ou moins coupables, il eût terni cette fleur d'innocence et de vertu qui embellissait ses premières années, soit enfin que le ciel voulût le soumettre à des épreuves terribles et capables de lui inspirer à jamais une profonde défiance de lui-même, et une tendre compassion pour les autres; la paix de l'ame et les consolations de la piété chrétienne avaient alors disparu de son cœur; ce n'était plus qu'avec douleur qu'il se rappelait les jours purs et sereins qu'il avait passés dans les vallées solitaires, ou sur les hautes montagnes de son pays. Les vérités éternelles conservaient tout leur empire sur son ame; mais pour l'ordinaire, elles n'y produisaient que des impressions de terreur et d'effroi. Lorsqu'il levait ses regards vers le ravissant séjour, dont la pensée lui causait autrefois de si douces émotions, tout aussitôt il se trouvait atteré par la crainte d'en être à jamais exclu. Il tremblait même d'avoir été infidèle au vœu qu'il avait offert à Dieu dans le calme des passions et l'inexpérience d'un cœur innocent. S'il descendait dans le fond de sa conscience, pour se faire rendre compte de ses infidélités et de ses défauts, il n'y trouvait que nuages et obscurité; son imagination effrayée lui représentait comme des monstres, les plus légers manquemens. Livré à tant d'angoisses, il gémissait et versait des pleurs en secret, et ne savait trouver aucun remède à sa désolation; la prière elle-même avait perdu pour son ame agitée toutes ses premières délices. Le ciel devenu d'airain, ne laissait plus couler sur lui la douce rosée après laquelle il soupirait. L'oraison, au lieu de rafraîchir son ame, était plutôt un exercice fatigant, une source féconde de scrupules et d'alarmes. Tourmenté par des tentations et des troubles continuels, sans cesse agité par la tempête des passions humaines, dont il éprouvait alors toute la violence, son état actuel était un supplice, et son avenir effrayant. Aussi ne voyait-il qu'abîme et difficulté dans les différentes carrières qui s'offraient à lui. Plus que jamais il connaissait les dangers du monde, qui, d'ailleurs, n'avait jamais eu d'empire sur son cœur. Le sanctuaire lui-même ne lui paraissait pas à l'abri des écueils et lui présentait bien des scandales, en ces temps malheureux, où le saint et savant Concile de Trente n'avait point encore rendu à l'Eglise sa première beauté. Malgré tout le succès de ses études, souvent il lui venait en pensée de tout abandonner pour chercher dans quelque profonde solitude la tranquillité et la paix de ses premières années. Le malheureux jeune-homme, concentrant en lui-même les tourmens de son ame, n'osait pas même s'en ouvrir à ses amis. Mais Ignace, qui possédait au plus haut degré la pénétration, et pour ainsi dire l'art de lire au fond des cœurs, entendait gronder l'orage dans l'ame de son ami. Aussitôt il emploie toutes les pieuses industries du zèle et de l'amitié, pour éclairer et encourager cet excellent jeune homme. Outre l'intérêt qu'il mettait au salut de son ami, il pressentait tout le parti qu'il pourrait en tirer, dès qu'il aurait fait pénétrer la lumière et la confiance dans cette ame abattue. Gagné par les prévenances et la charité du pieux Loyola, Favre lui ouvre enfin son cœur et verse dans son sein les peines et les misères qui désolaient son intérieur et lui rendaient la vie si amère. La charité compatissante d'Ignace lui prodigue d'abord les plus touchantes consolations. Favre s'abandonne à la direction de cet ange envoyé du ciel pour le secourir; il se soumet avec candeur à toutes les règles de conduite qu'il en reçoit. Docile à la voix de son ami, il sent dissiper peu à peu les sombres nuages qui enveloppaient son ame; il retrouve dans la prière et surtout à la Table sainte sa première ardeur pour le bien; et à mesure qu'il fait des progrès dans la vertu, il éprouve de nouveau combien le Seigneur est bon et miséricordieux envers ceux qui se donnent à lui sans partage.

Quand Ignace le vit bien affermi dans ces heureuses dispositions, il lui découvrit les projets que la charité lui inspirait pour l'établissement d'une société d'Apôtres, destinés à porter le flambeau de la Foi aux nations infidèles, et à défendre la *Cité-Sainte* contre tous les ennemis qui l'attaquaient avec tant de fureur. Aussitôt que l'éloquent Ignace eut fini de lui développer les grands desseins qu'il méditait, Favre, tout transporté et comme hors de lui-même, se jèta entre ses bras en lui protestant qu'il était prêt à le suivre partout, et à le seconder de tous ses moyens; (an 1533) il ne lui demanda qu'un léger délai pour revoir sa famille, et obtenir une dernière bénédiction de ses parens (1).

Après avoir ainsi gagné le pieux étudiant Savoisien, Ignace s'en servit utilement pour s'insinuer dans l'esprit de son ami Xavier, dont la vanité et les projets ambitieux eussent peut-être déconcerté tout autre que l'ardent et habile Loyola. Dieu seconda efficacement les efforts et la charitable persévérance de Favre et de Loyola auprès du gentilhomme Navarrois. A force d'exhortations, de prières et de bons exemples, ils parvinrent à lui faire goûter cette maxime du Sauveur du monde : *Que sert à l'homme de gagner tout l'univers, s'il vient à perdre son ame?* « Croyez-moi, lui disait « souvent Ignace, les vains honneurs de la terre « sont trop peu de chose pour un cœur aussi gé-« néreux que le vôtre..... Je ne prétends point « éteindre l'ardeur que vous avez pour la gloire, « ni vous inspirer de bas sentimens : soyez am-« bitieux, soyez magnanime; mais portez votre

(1) ORLANDINI, *Vita P. Fabri*, *lib.* 1, *cap.* 3.
BARTOLI, *Della Compagnia di Gesù.* — *Dell' Italia*, *lib.* 1, *cap.* 9.

« ambition plus haut ; faites paraître la grandeur « de votre ame, en méprisant tout ce qui est « méprisable (1). » Xavier vaincu par les instances de ses amis, se mit à réfléchir tout de bon sur les vanités de ce monde et sur les intérêts éternels. La grace subjugua pleinement ce grand cœur, qui résolut dès lors de se consacrer entièrement au service du Roi des rois, et de s'abandonner à la conduite d'Ignace. Son début dans la carrière de la pénitence et de la sainteté fut marqué à des traits d'héroïsme et de générosité, qui annonçaient déjà sa destinée future. Quel bonheur pour la religion, quelle consolation pour Favre et Loyola d'avoir ainsi arraché une grande victime au monde et aux nouveautés de Luther (qui déjà commençaient à le séduire), pour donner à l'Eglise un conquérant, un apôtre, un thaumaturge !

Dans ces trois sujets, unis par l'amitié et par la plus ardente charité, on aime à contempler le premier noyau d'un grand arbre, la première base d'un édifice majestueux, qui va bientôt consoler la religion de tant de ruines et de tant d'outrages.

Les voilà ces généreux combattans qu'on va voir occupés sans relâche à recruter avec un succès inoui la milice la plus ardente à défendre les intérêts de la Foi, la plus odieuse aux novateurs et aux lâches déserteurs des maximes évangéliques, la plus fortement constituée dans son régime, la plus féconde en beaux talens, la plus habile à donner à la jeunesse le goût de la science et de

(1) Vie de saint Ignace, par le Père Bouhours, liv. 2.

la vertu, la plus dévouée au Vicaire de Jésus-Christ, la plus courageuse à porter l'étendard de la croix au sein des nations barbares et sauvages. Il est honorable pour la Savoie de voir deux de ses enfans (Favre et Le Jay) s'avancer à la tête de cette glorieuse légion.

Cependant P. Favre, selon qu'il en était convenu avec Ignace, vint faire une courte apparition au Villaret. Au lieu de cette joie vive et exaltée, dont un Savoyard ne peut se défendre en revoyant ses montagnes et son pays, Favre eut des larmes à répandre sur la tombe de sa mère, cette bonne et vertueuse Marie Perrissin, qui avait cultivé son enfance avec tant de soin, et qui lui avait fait connaître et chérir la vertu, autant par ses exemples que par ses pieuses leçons. Après avoir employé quelque temps à consoler et édifier sa famille, Favre mêla ses larmes à celles de son vieux père et reçut ses derniers embrassemens. Il repartit pour la France sur la fin de l'automne 1533, afin de suivre la noble vocation à laquelle le ciel l'appelait.

CHAPITRE III.

FAVRE REÇOIT LE SACERDOCE; IL CONTRACTE SES PREMIERS ENGAGEMENS SOUS LA DIRECTION DE S. IGNACE.

Favre se trouvait à peu près au terme de son cours de théologie, après 6 ans d'études à l'université de Paris, où il s'était distingué par ses talens et son application. Immédiatement après son retour à Paris, il voulut faire, pendant 40 jours, les exercices spirituels, selon la méthode d'Ignace de Loyola, soit pour se préparer à la réception des saints Ordres, soit pour purifier entièrement son ame, avant d'entrer dans sa nouvelle carrière. On assure que pendant les six premiers jours il ne prit aucune nourriture; et il fallut qu'Ignace modérât cette ardeur excessive pour la mortification. A cette même époque, les rigueurs de l'hiver étaient telles, que de grosses voitures purent passer sur les glaces de la Seine. Cependant Favre, durant toute sa retraite, ne voulut point se chauffer, quoiqu'il n'occupât qu'une mauvaise chambre dans la rue St-Jacques. Il semblait oublier complètement les besoins et les souffrances du corps pour se livrer exclusivement à la contemplation des choses divines. Cette retraite, entreprise et continuée avec tant de courage, perfectionna toutes ses dispositions et réchauffa son cœur d'une manière extraordinaire. Et voilà dans quels sentimens il se disposa au sacerdoce, qu'il reçut peu de temps après, c'est-à-dire vraisemblablement au printemps de l'année 1534.

Revêtu de la dignité du sacerdoce, dont il remplissait les sublimes fonctions avec tant de foi et d'humilité, il s'occupa, d'abord à préparer, de concert avec Ignace, et à sanctifier les vertueux compagnons qui devaient former la nouvelle société. Après Favre et Xavier, Loyola avait fait entrer successivement dans ses desseins Jacques Laynès, Alphonse Salméron, Nicolas-Alphonse Bobadilla et Simon Rodriguès. Rien ne montre mieux le génie et le discernement d'Ignace, que d'avoir su choisir de prime-abord et grouper autour de lui des hommes d'une capacité et d'un mérite si éminent.

(1534.) Le pieux fondateur choisit la fête de l'Assomption de Notre-Dame, 15 août 1534, pour donner la première forme à cette association, qui ne fut décidément constituée qu'à Rome six ans plus tard. En ce beau jour de fête, après s'y être préparés par la pénitence et la prière, ils se rendirent tous ensemble à Montmartre, dans une chapelle de la sainte Vierge; tous y communièrent de la main de Favre, le seul d'entr'eux qui fût prêtre; et lorsqu'après la communion leur cœur se trouva comme inondé de consolations et tout embrasé par la présence du Dieu de charité, ils s'engagèrent par un vœu solennel à renoncer à toutes les espérances du siècle, pour se consacrer exclusivement au salut de leurs frères; ils devaient se transporter d'abord en Palestine, afin d'y convertir les infidèles, et en cas que ce voyage devînt impossible, aller offrir leurs services au successeur du Prince des Apôtres. Ils sortirent de la grotte des martyrs, brûlans de zèle et d'ardeur pour la gloire de Dieu; et afin d'entretenir dans leurs cœurs cette flamme céleste, ils s'imposèrent des exercices journaliers et des pratiques uniformes, en attendant qu'ils eussent tous achevé leurs études de théologie, et qu'ils pussent se rendre en Italie et de là dans la Terre-Sainte.

L'année suivante, 1535, Ignace quitta ses confrères pour aller régler quelques affaires en Espagne, tant en son nom qu'en celui de quelques-uns de ses compatriotes. Il fut convenu que pendant son absence tous seraient soumis à la direction de P. Favre. Celui-ci, non content d'entretenir la ferveur et l'union dans cette pieuse association, réussit encore à l'enrichir de trois nouveaux membres, bien dignes de lui appartenir. Ce furent Jean Codure, du diocèse d'Embrun, P. Brouet, du diocèse d'Amiens, et très-probablement aussi Michel Le Jay, compatriote de Favre.

Avant le départ de Loyola pour l'Espagne, il avait résolu avec ses confrères qu'ils se transporteraient tous à Venise pour le mois de janvier 1537. Pour éviter le théâtre de la guerre, qui se poursuivait alors avec tant d'acharnement entre deux rivaux trop fameux, Charles V et François Ier, Favre et ses compagnons prirent leur route, tous à pied, par la Lorraine et l'Allemagne; et après deux mois de fatigues et de privations, ils arrivèrent à Venise le 8 janvier. Plusieurs personnes de grand mérite avaient fait mille instances pour retenir le saint prêtre Favre à Paris, où il faisait tant de bien, surtout parmi les pauvres et les étudians de l'Université; mais rien ne fut capable de le détourner de ses engagemens, ni de le détacher d'Ignace et de ses premiers coopérateurs, unis par le vœu de Montmartre, et surtout par une tendre charité. Quel bonheur ils éprouvèrent, lorsqu'après tant de vicissitudes ils se retrouvèrent tous ensemble à Venise, entre les bras d'Ignace, qui s'y était rendu par une autre voie! En attendant le moment favorable à leur voyage de Jérusalem, ils se partagèrent entre deux hospices, pour servir et consoler les malades, et assister les moribonds. Tous rivalisaient d'empressement, pour ces œuvres de miséricorde, et trouvaient leurs délices à soulager les membres souffrans du Fils de Dieu.

Aussitôt que la saison put le leur permettre, Ignace envoya à Rome Favre et ses compagnons, soit pour la réception des saints Ordres, soit aussi pour obtenir la bénédiction et les pouvoirs du Saint-Siége, en faveur de leur mission de Palestine. Ces intéressans pélerins furent recommandés avec de grands éloges, et ensuite présentés au Pape Paul III, par le comte P. Ortiz, envoyé de

Charles-Quint à Rome, pour y défendre les droits de la vertueuse et infortunée Catherine, Reine d'Angleterre. A l'audience du Pontife ils furent accueillis avec de grandes marques de bonté et d'éclatans témoignages d'estime. Paul III voulut même les entendre discuter sur quelques questions de théologie, qu'il leur fit proposer; Favre et ses compagnons parlèrent avec tant de facilité et de sagesse, que le Pontife dit hautement : *Nous avons une extrême joie de voir tant d'érudition et tant de modestie jointes ensemble* (1).

Après ces marques publiques d'estime et d'intérêt, Paul III leur fit expédier tous les brefs dont ils avaient besoin, et leur accorda même quelques secours pour leur expédition de Terre-Sainte; les avertissant toutefois qu'ils auraient bien de la peine à faire ce pélerinage, dans des conjonctures où la guerre allait s'allumer entre le Sultan et les Princes chrétiens.

Favre et ses confrères ne manquèrent pas de profiter de leur séjour à Rome, pour nourrir leur dévotion par la visite des églises et des principaux monumens de la ville sainte. Après quoi, pleins de vénération et de reconnaissance envers le Saint-Père et les autres personnes qui les avaient aidés de leurs secours, ou de leur protection, ils se hâtèrent de repartir, pour aller rejoindre leur chef à Venise. Ignace et ceux de ses compagnons qui n'étaient pas encore prêtres, profitant des dispenses et autorisations obtenues de Rome, reçurent

(1) Vie de saint Ignace, par le Père Bouhours, liv. 2.

la consécration sacerdotale le jour de la Nativité de saint Jean-Baptiste, avec des sentimens de foi, qui touchèrent jusqu'aux larmes l'Evêque d'Arbe, qui les ordonna. Cependant les hostilités survenues entre la République et les Turcs ne laissant plus de sûreté à la navigation dans les mers du Levant, il n'y eut pas moyen de passer en Palestine. Nos fervens Missionnaires se distribuèrent donc dans les différentes villes de la République, pour y travailler au saint Ministère. Ignace conduisit avec lui Favre et Laynès à Vicence, qui ressentit bientôt les heureux effets de la présence de ces trois hommes apostoliques.

Enfin, dès qu'on désespéra de pouvoir exécuter le pélerinage de Terre-Sainte, on résolut d'aller à Rome prendre les ordres du Souverain Pontife, et solliciter l'érection de la nouvelle société en congrégation religieuse. Ignace, Favre et Laynès prirent les devants, et arrivèrent à Rome sur la fin de l'année 1537. Rien n'était plus édifiant que ces longs et fréquens voyages de ces fervens pélerins. On marchait toujours à pied, chacun portant sur le dos son petit bagage ; le mauvais temps, les neiges, les frimats, les ardeurs d'une contrée brûlante : rien ne les arrêtait. Le matin, l'un d'eux célébrait les saints mystères, et les autres recevaient la communion. Durant la marche, tantôt on méditait en silence, tantôt on récitait des psaumes, tantôt on chantait des cantiques ; ou bien l'on se délassait par de pieux colloques. Le soir, on tâchait de trouver un asile dans les maisons de charité ou dans les communautés religieuses.

Comme on n'avait ni propriété, ni revenu quelconque, il fallait avoir recours à la charité des fidèles. Quelquefois on subissait des insultes et des rebuts; loin de s'en effrayer, on bénissait Dieu d'avoir été trouvé digne de souffrir quelque chose pour honorer la pauvreté du Rédempteur. Quand sur la fin du jour on arrivait dans quelque ville, ou bourgade, la pieuse caravane réunissait les enfans et le petit peuple sur les places, ou dans les rues, puis elle leur adressait quelques allocutions, pleines de foi et de charité; et cette précieuse semence n'était pas toujours perdue.

CHAPITRE IV.

TRAVAUX APOSTOLIQUES DU P. FAVRE, A ROME ET A PARME.

Paul III, désirant mettre à profit le zèle et la capacité des enfans d'Ignace, voulut que Favre professât l'Ecriture sainte, et Laynès la théologie scolastique, au collége de la Sapience. L'un et l'autre remplirent cette charge importante avec beaucoup d'aptitude et de succès. En même temps Favre et Xavier prêchaient alternativement dans l'église de saint Laurent *in Damaso*. Les discours de Favre, quoique fort simples et prononcés avec un accent étranger, ne laissaient pas que de captiver de nombreux auditeurs. C'était l'esprit de Dieu qui animait ses paroles : *Credidi, propter quod locutus sum*, Ps. 115. Ses instructions renfermaient d'ailleurs une doctrine pure et solide, toujours dégagée des vains ornemens d'une éloquence profane, dont on faisait alors un grand abus. Favre connaissait trop bien la religion, il avait trop de sagacité et de justesse d'esprit pour défigurer la divine parole par des richesses d'emprunt et de mauvais goût. La modestie et la candeur de son ame, l'étendue de ses connaissances, la clarté et la chaleur de son style, sa vie austère et mortifiée, enfin ce ton de persuasion, qui part d'un cœur profondément pénétré des vérités éternelles: voilà quelles étaient les ressources de son éloquence; voilà ce qui donnait tant d'autorité à ses prédications. On peut dire qu'il avait un talent admirable pour s'insinuer dans les cœurs, soit dans ses discours publics, soit surtout dans ses entretiens particuliers. Il ne paraît pas qu'il y eût dans sa manière de prêcher ni ces mouvemens vifs et passionnés, qui échappaient au brûlant Ignace, ni les inspirations nobles et élevées du célèbre apôtre des Indes; c'était plutôt la naïveté et la simplicité d'Amos. A la cour des Pontifes et aux palais des Rois, il lui resta toujours quelque chose du berger des Alpes. Dans notre Favre, la science du théologien, le courage et l'autorité d'un Apôtre s'alliaient à merveille avec la modestie du villageois.

(1539). Ses succès évangéliques attirèrent sur lui les regards du Cardinal de Saint-Ange, Ennio Philonardi, chargé de la légation du Parmesan. Il obtint du Pape, an 1539, l'autorisation d'emmener avec lui à Parme Favre et Laynès, pour s'aider de leurs lumières, et travailler à la réforme des mœurs dans ce pays. A leur arrivée à Parme, les deux Missionnaires refusèrent le logement que le Légat leur offrait dans son palais; ils aimèrent mieux chercher dans l'hôpital des SS. Cosme et Damien, un asile plus conforme à leur goût pour la sainte pauvreté.

Après quelques conférences sur l'Ecriture sainte, qui les mirent en réputation, Favre prêcha la parole divine, au milieu d'un grand concours de peuple, dans l'Eglise de l'Annonciation. Le zélé et fervent orateur, qui ne respirait que la gloire de Dieu, fit une impression extraordinaire sur toutes les classes de citoyens. Le développement simple et pathétique des vérités éternelles porta l'effroi et le repentir au fond des consciences. Alors on vit la multitude se presser autour des tribunaux de la pénitence, pour y chercher le remède à des plaies profondes et invétérées. Favre n'eût pu suffire à tant de travaux, s'ils n'eussent été partagés par plusieurs autres prêtres de la ville, auxquels il communiqua son esprit de foi, spécialement en leur faisant faire les exercices de la retraite, selon la méthode de saint Ignace. Ces exercices furent même embrassés avec beaucoup de fruits par des laïcs du premier rang. D'un autre côté, les dames, encouragées par les soins et les exemples de la vertueuse et célèbre *Julia Zerbelina*, profitèrent aussi en très-grand nombre de ce puissant moyen de salut. Favre s'emparant avec sagesse de cet élan général pour le bien, réussit à former dans Parme une pieuse congrégation de femmes, qui lui furent du plus grand secours pour continuer et perfectionner le renouvellement qui s'opérait dans les mœurs de cette intéressante et belle Cité. On vit alors les dames de la plus haute éducation descendre dans l'obscur réduit du pauvre, pour le secourir et le consoler dans sa misère. Elles s'appliquaient surtout, avec un merveilleux succès, à instruire les jeunes filles du peuple, à les préparer à la première communion, et à mettre leur innocence à l'abri des dangers.

Favre n'eut pas moins de bonheur à fonder deux autres congrégations : l'une composée d'ecclésiastiques zélés et laborieux, qui devaient s'appliquer sans relâche à perpétuer, selon les méthodes et les exemples qu'il leur en donna, les heureux fruits que la mission venait de produire. L'autre fut formée des citoyens les plus éclairés et les plus édifians; le but de leur association était, en premier lieu, de s'encourager mutuellement à la vertu, par les pratiques les plus propres à nourrir l'esprit de foi et à rappeler au chrétien le souvenir de sa glorieuse destinée. En outre, cette pieuse confrérie s'engageait à prendre un soin particulier des pauvres honteux, des ignorans, des prisonniers, et même des tristes victimes que la justice humaine condamne à l'échafaud (1). Long-temps elle a conservé dans Parme les leçons et l'esprit du saint fondateur. Elle fit même graver sur la porte de sa chapelle un témoignage public de sa haute et constante vénération pour cet illustre et saint Missionnaire (2).

(1) *Tantum roboris est adepta (ea sodalitas) ut eorum quoque patrocinium susceperit quos et a mendicando detinet pudor, et inscitia et ignorantia divinæ legis tenet, et quos carnifici, patibuloque leges addixerint; eademque semper fuerit quasi quædam procreatrix ac parens plurimæ variæque in ea urbe pietatis, plurimæque item sobolis, quæ ex communi vulgarique vita ad cœnobiticam religiosamque se transfert.* (ORLANDINI, Vita P. Fabri, lib. 1, cap. 7 sub finem).

(2) *Oratorium sub titulo S. Joannis-Baptistæ Decollati, congregationis sanctissimi Nominis Jesu, a P. Petro Fabro, sancti Ignatii*

Le Dieu des miséricordes s'était servi du Père Favre pour réveiller dans les membres du Sanctuaire l'esprit de foi et le respect des hautes fonctions qui leur sont confiées; il avait réformé bien des abus, déclaré la guerre à tous les vices, ouvert la route de la pénitence et de la sainteté à un très-grand nombre; la piété était remise en honneur dans la ville et dans les monastères; la Table sainte était fréquentée plus que jamais; ces heureux fruits de salut se trouvaient même consolidés par des institutions assujetties aux plus sages règlemens. Son séjour à Parme fut donc la source des plus abondantes bénédictions pour cette ville, qui aurait voulu garder pour toujours l'homme apostolique qu'elle savait si bien apprécier. Cette mission fut également féconde en riches acquisitions pour la société d'Ignace : tels furent Paul Achille, Ugollet, Antoine Criminal, premier martyr de la Compagnie, etc.

Cependant de si rudes fatigues détruisirent les forces et ruinèrent enfin la santé du père Favre. Il tomba malade au mois d'avril 1540, et ne put se relever qu'après trois mois de pénibles et continuelles souffrances. Ce temps ne fut point entièrement perdu pour ses frères : outre les exemples de douceur et de patience qu'il donnait à tous, ses pieux entretiens étaient encore une prédication continuelle, pour ceux qui s'empressaient à le visiter durant cette longue maladie.

sanctissimi fundatoris filio primogenito erectæ, ad majorem Dei gloriam et animorum salutem. (Bartoli, *Storia della Compagnia di Gesù. — Dell' Italia, lib.* 1, *cap.* 9).

Peu après son rétablissement, les ordres du Pape vinrent l'enlever à ses consolantes occupations, pour l'envoyer en Allemagne. Malgré toutes les instances du clergé et des fidèles, soit auprès du Cardinal légat, soit en cour de Rome, son départ fut irrévocable. Pour lui, il ne savait qu'obéir quand l'autorité avait parlé : ainsi après avoir donné à ses chères congrégations les avis les plus sages et les plus détaillés, pour se conduire dans les sentiers de la vertu, il leur fit ses derniers adieux (1), en les recommandant aux soins de quelques ecclésiastiques, devenus ses amis et les imitateurs de son zèle.

(1) ORLANDINI, *Vita P. Fabri*, *lib.* 1, *cap.* 7.

CHAPITRE V.

LE P. FAVRE EST ENVOYÉ EN ALLEMAGNE PAR LES ORDRES DU PAPE PAUL III.

Le comte Ortiz, député de Charles V à la cour de Rome, reçut ordre de l'Empereur de se rendre en toute hâte à la diète qui se tenait à Worms, afin d'y soutenir les intérêts de l'empire et de la religion contre les prétentions des protestans. Ortiz désira vivement être accompagné par un Théologien de la Compagnie de Jésus ; à cette fin, il demanda et obtint du Pape le père Favre, dont il connaissait personnellement le mérite et les vertus. Favre fut ainsi le premier membre de la Compagnie appelé à défendre la foi catholique, dans ce malheureux pays, désolé dès lors par les ravages des plus monstrueuses doctrines et par les désordres effroyables qui signalèrent la promulgation du nouvel Evangile.

Depuis l'importante et belle Mission du Père Favre dans le Parmesan, il faut convenir que sa destinée a quelque chose de singulier ; il ne doit plus goûter ni trève ni repos sur la terre. Enfant soumis et plein d'abnégation, au premier signe de l'autorité, on le voit à toute heure, errant et voyageur, passer en un clin d'œil des bords du Rhin aux rives du Tage, du fond de la Péninsule au centre de l'Empire Germanique; tantôt dans les assemblées des Princes et des Docteurs, tantôt dans les palais des Souverains, tantôt dans l'obscur réduit de la misère. Obligé par là même de parcourir tous les climats, d'en subir toutes les rigueurs, de parler toutes les langues, de se plier à toutes les exigeances, de supporter toutes les fatigues, ainsi que toutes les privations de la pauvreté : jamais on ne l'entendra ni se plaindre, ni se livrer au découragement.

Pendant qu'il s'avançait plein de tristesse et de douleur vers le foyer de la discorde et des plus étranges révolutions, les affaires de sa Compagnie à Rome se trouvaient enfin à la veille d'une heureuse conclusion. Après un examen sévère et accompagné des sages lenteurs dont Rome ne s'affranchit jamais en matière importante; après bien des traverses et des oppositions suscitées par la prévention ou la malveillance, Paul III autorisa et confirma par une Bulle, datée du 7 septembre 1540, le nouvel institut des *Clercs réguliers de la Compagnie de Jésus*, leur permettant de faire des constitutions telles qu'ils les jugeraient les plus utiles à leur perfection particulière, à l'utilité du prochain et à la gloire de Jésus-Christ (1).

Immédiatement après l'approbation du Saint-

(1) Pauli III, *Const.* 23, *Regimen Ecclesiæ.* Orlandini, *Hist. Soc.*, *lib.* 2, *n°* 113.

Siége, Ignace convoqua à Rome tous ceux de ses confrères qui purent s'y rendre, pour donner un chef à la Congrégation naissante. Comme la plupart se trouvaient dans des royaumes étrangers, ils ne purent se réunir que six. Ignace de Loyola fut choisi par le suffrage de tous ses confrères, pour premier général de la Congrégation. Il eut beau s'en défendre et résister, il lui fallut courber la tête sous un fardeau, que personne d'ailleurs ne pouvait porter avec plus de sagesse et d'autorité. Fort de la mission du Vicaire de Jésus-Christ, et de l'énergie de sa foi, ainsi que de la puissance de son génie, ce grand homme imprima bientôt à sa compagnie ce caractère d'unité, de force et d'héroïque dévouement qui a survécu à tous les orages. Il faut être bien distrait, ou bien aveugle, pour ne pas voir que l'adorable fondateur de l'Eglise, qui lui a promis de veiller à sa conservation jusqu'à la fin (1), suscita dans sa sagesse cette nouvelle légion de combattans, pour l'opposer à la funeste révolte de Luther et de ses aveugles sectateurs. Aux yeux du chrétien attentif à considérer l'action de la Providence sur la Cité de Dieu, l'ordre d'en haut oppose Ignace à Luther, comme autrefois Athanase à Arius; comme Augustin à Pélage; comme Cyrille à Nestorius; comme Léon à Eutichès. C'est toujours la continuation du combat commencé dans les régions immortelles, entre Michel et Satan, entre l'ange de la fidélité et l'ange de la révolte, entre la lumière et les ténèbres.

(1) Matth., *cap.* 28.

Aussi, quel étonnant contraste, quand on en vient à confronter le caractère et les procédés d'Ignace et de Luther! Celui-ci, apôtre de l'orgueil et de la rébellion, déclare la guerre à tout ce qui peut gêner ses passions emportées et furieuses : il ne reconnaît plus ni l'antique héritage des traditions et des pouvoirs confiés aux successeurs des Apôtres, ni la voix du Pontife, gardien des clefs du royaume de Jésus-Christ, ni même la majesté des Princes, dès qu'ils refusent d'accéder à son apostasie.

Ignace, au contraire, sait et proclame hautement que l'humilité et l'obéissance sont la base des vertus évangéliques; il veut donc que ses disciples soient soumis à toute puissance, et qu'ils portent l'abnégation jusqu'à l'héroïsme.

Luther, homme de plaisir, moine apostat et libertin, pour se faire des adeptes, professe sans pudeur l'inutilité des bonnes œuvres, promet la justification à tous, au moyen de je ne sais quelle foi musulmane; et pour réformer l'Eglise à sa manière, il lâche la bride à toutes les passions, à tous les dérèglemens. Aux ames cupides il livre l'antique et trop riche héritage des églises et des monastères. Il apprend aux libertins à braver les engagemens les plus sacrés, pour se livrer aux passions brutales d'un cœur corrompu.

Ignace, sur les pas du Sauveur du monde, appelle toutes les ames fortes à la pénitence, à l'amour des croix et des privations, et à la pratique sévère d'une pureté angélique.

Luther, tout en dogmatisant sur le *serf arbitre*,

proclame l'émancipation et la *liberté des enfans de Dieu*, c'est-à-dire l'affranchissement de toutes les lois, de toutes les pratiques gênantes, de toutes les barrières que la morale de l'ancienne religion opposait au débordement d'une race dépravée.

Ignace et ses disciples défendent en même temps la vraie liberté inhérente à notre nature, même après sa chute, et professent en tout lieu qu'il en faut régler l'usage par la défiance de soi-même et la docilité du cœur.

Luther, sans prévoir l'horrible confusion qui s'en suivra, jette les saintes Ecritures au peuple, comme une vaine pâture, laissant à chacun le soin de les interprêter selon ses propres lumières, et de fixer sa foi et ses principes sur ce fondement ruineux.

Ignace, vrai philosophe et profond théologien, montrant au peuple son ignorance et sa faiblesse, lui fait voir clairement qu'il ne peut recevoir son symbole et la règle de sa croyance, que des pasteurs, légitimes héritiers des pouvoirs et de la sagesse du Sauveur, qui leur a dit : *Je vous envoie comme mon Père céleste m'a envoyé.... Celui qui vous écoute, m'écoute; celui qui vous méprise, me méprise.*

Aussi l'école d'Ignace fait des chrétiens éclairés, dociles, charitables et dévoués au bien de la société.

Celle de Luther fait des dogmatiseurs fanatiques, remuans et impatiens de toute espèce de joug; elle lance sur l'Europe les torches sanglantes de la discorde. Des essaims de prédicans formés à cette école, après avoir fait apostasier une grande partie de l'Allemagne, de la Suisse, des Provinces - Unies, des Iles Britanniques, et des Royaumes du nord, se soulèveront bientôt les uns contre les autres, et s'entredéchireront avec une fureur satanique, détruisant pièce à pièce les lambeaux de l'ancienne croyance, jusqu'à ce que, de réforme en réforme, tout se résolve par le triomphe du *nationalisme* et de l'impiété, avec tous les bienfaits qu'elle prépare au monde consterné. On peut dire sans hésiter, que c'est du sein du furieux Luther que sont sorties ces horribles convulsions qui désolent aujourd'hui l'ordre social. Oui, c'est à Witemberg, année 1517, que le génie du mal a ouvert ce drame funeste, dont les actes si féconds en crimes et en désastres, ont ensanglanté la scène du monde, sans qu'on puisse encore prévoir quand en arrivera l'horrible dénouement.

Lorsqu'à son arrivée en Allemagne, à la fin d'octobre 1540, Favre vit de près le triste état de la Religion dans ces pays, et les ravages que la nouvelle réforme entraînait de toute part, un tourment inexprimable, comme il l'a dit plus d'une fois, s'empara de son cœur désolé. Alors il se mit à redoubler de ferveur dans ses oraisons, et à méditer avec une assiduité constante les mystères de la vie et des douleurs du Fils de Dieu. C'était au pied de la croix que ce saint Prêtre soulageait son ame, en demandant grace pour ses frères égarés.

Au milieu des manœuvres et des intrigues, qui

agitaient la diète de Worms, il ne fut pas donné au père Favre de prendre part à la conférence qui eut lieu entre les docteurs catholiques et protestans. Les deux seuls qui entrèrent en lice, furent le docteur Ecchius et Philippe Mélancthon, qu'on pouvait regarder comme les théologiens les plus habiles des deux partis. Au reste, le père Favre, dont le jugement était si droit et si éclairé, demeura sans regret étranger à ces disputes inutiles, et souvent dangereuses pour le but qu'on s'en promettait. C'était déjà un scandale inexcusable que ces espèces de joûtes bruyantes, où la politique semblait mettre au même rang l'antique croyance et la nouveauté proscrite, en opposant un pareil nombre de docteurs de part et d'autre, pour discuter sans fin et sans règle, sous l'arbitrage d'un certain nombre d'auditeurs, moitié clercs, moitié laïcs, tous également sans caractère et sans mission pour juger de la doctrine. Aussi le résultat le plus ordinaire de ces colloques profanes, où l'on entrait, non pour s'éclairer, mais pour faire parade d'un vain savoir, et faire prévaloir un parti pris, se réduisait à échauffer les têtes, aigrir les cœurs, ravaler la dignité de nos mystères, ébranler la foi des ignorans et des faibles, enfin à augmenter sans mesure l'audace et l'arrogance des novateurs. On est étonné qu'il ait fallu tant d'essais de ce genre et toujours également malheureux, pour détromper l'auguste chef de l'Empire, politique habile et si clairvoyant en toute autre chose, et pour le corriger de sa funeste manie à vouloir arranger les affaires de la Religion par des intrigues, des diètes, des conférences, où sa politique échoua toujours d'une manière aussi mortifiante pour lui, que préjudiciable aux intérêts de l'Eglise et de l'Etat. Il comprit enfin, mais trop tard, qu'il n'avait pas mission pour cette grande œuvre, et que selon la divine constitution que l'Eglise a reçue de son Chef, il lui appartient à elle seule de défendre le dépôt des vérités saintes, non en intrigant et en disputant sans mesure, mais en proclamant les dogmes reçus de l'antique tradition, et en frappant d'anathême les novateurs rebelles à son autorité (1).

Pendant les inutiles débats de Worms, le zèle du père Favre ne demeura point oisif. Il avait fort bien compris que, pour mettre une barrière aux progrès de l'apostasie, il fallait réveiller la Foi, convertir les cœurs, et ramener à la piété chrétienne, et les fidèles et surtout les pasteurs des ames : et tel fut l'objet capital de ses travaux à Worms. Il fut assez heureux pour faire faire des retraites à plusieurs personnages marquans ; il entendit leurs confessions, et leur traça un plan de vie plus chrétienne ou plus sacerdotale.

Bientôt il fut obligé de suivre la Cour Impériale à Spire, et de là à Ratisbonne, où la diète fut transférée au printemps de l'année 1541. Cette seconde assemblée fut beaucoup plus nombreuse et plus solennelle que la précédente. L'Empereur s'y trouva en personne, avec un grand cortége d'Ambassadeurs, de Prélats et de Princes, entre

(1) *Dic Ecclesiæ.... et si Ecclesiam non audierit, sit tibi tanquam Ethnicus et Publicanus.* (MATTH. 18, 18).

autres d'Emmanuel-Philibert, fils du Duc de Savoie. Ici comme à Worms, le modeste et savant père Favre fut encore écarté par la politique, des controverses publiques en matière de religion. L'Empereur fit désigner à cette fin les docteurs Ecchius, Gropper et Phlug, du côté des Catholiques; pour les Protestans, Mélancthon, Bucer et Pistorius. Le texte des discussions fut particulièrement pris dans un opuscule, dit *De la Concorde*, présenté par Granvel, ministre de l'Empereur. Elles furent longues et opiniâtres, et n'aboutirent qu'à exciter une confusion extrême entre les principaux membres de l'assemblée. Dans l'impuissance de rien conclure, on finit par demander la convocation d'un concile général, qui était l'objet de tant de vœux. La célébration en fut encore malheureusement retardée par les dissensions des Princes chrétiens, et surtout par la politique tortueuse de l'Empereur.

A Ratisbonne, le père Favre s'appliquait sans relâche, soit à convertir les catholiques, dont la mauvaise conduite mettait la Foi en danger, soit à regagner des frères déjà séduits et égarés, non par des disputes irritantes et hautaines, mais par des entretiens calmes et pleins de charité. Le saint Missionnaire déployant dans ses pieux colloques toutes les richesses de son esprit, toute la bonté de son ame, triomphait souvent des esprits les plus rebelles et les plus prévenus. La réputation de son mérite et surtout le spectacle de ses vertus lui concilièrent l'estime générale, et même la confiance des Princes, des Pontifes et des docteurs assemblés à Ratisbonne. Plusieurs d'entr'eux firent les exercices de saint Ignace sous sa direction. Le docte et vertueux Colchée, qui était accouru à Ratisbonne pour y défendre les intérêts de la Foi catholique contre les novateurs, goûta tellement cette méthode, qu'il en devint bientôt lui-même l'apôtre et le propagateur. Le Prince de Savoie voulut connaître personnellement le père Favre, et l'accueillit avec tous les témoignages d'une haute considération; on assure même qu'il lui confia les intérêts de sa conscience et qu'il profita beaucoup des avis du saint Prêtre.

Indépendamment de tout ce qu'il fit de bien à Ratisbonne, il eut encore la consolation de répandre dans le voisinage les heureux fruits de son zèle. Il fut alors appelé à Nuremberg, pour y porter les derniers secours de la Religion à un Italien, qui, se voyant sur les bords de la tombe, désira mourir entre les bras du pieux Missionnaire, qu'il avait connu en Italie. Le père Favre fut assez heureux pour lui procurer une sainte mort, et même pour convertir une personne de sa famille, que les nouvelles erreurs avaient déjà infectée; et par leur moyen, il eut encore la consolation de ramener deux autres voyageurs à la pureté de la Foi et à une conduite plus édifiante. Eclairer les intelligences par une instruction simple et solide, toucher les cœurs par la méditation des vérités éternelles, leur imprimer une crainte salutaire des jugemens de Dieu: tels furent les moyens qui lui servirent efficacement à donner ou à conserver à l'Eglise des enfans soumis. Il décrit ainsi lui-même la marche qu'il suivait, dans une réponse à un de ses confrères :

« *Que la grace et la paix de notre Rédempteur*
« *habitent toujours dans nos ames !*

« Souvent dans vos lettres vous m'avez demandé « quelques règles pour diriger ceux qui veulent « travailler au salut des ames parmi les héréti- « ques, sans péril pour eux-mêmes; jusqu'ici plu- « sieurs causes m'ont empêché de satisfaire à vos « désirs. Mes occupations continuelles ne me lais- « sent ni le temps de réfléchir, ni celui de vous « écrire ; d'ailleurs ma dernière maladie m'a tel- « lement affaibli la main, que je ne puis encore « maintenant m'en servir qu'avec peine.....

« Pour gagner les hérétiques de notre époque, « il faut d'abord exciter en soi-même une grande « charité et un amour sincère..... Ensuite il faut « se les attacher et captiver leur estime et leur « affection ; on y parvient par l'affabilité des en- « tretiens, et en ne conversant d'abord avec eux « que sur des sujets dont ils conviennent, afin « d'éviter ces disputes, où les uns paraissent vou- « loir triompher des autres, et jouir de leur dé- « faite. Il faut traiter de préférence les matières « propres à concilier et à réunir les esprits, plutôt « que celles qui les divisent : et puisque le Luthé- « ranisme a pris naissance dans la corruption des « mœurs, qui a été suivie de la perte de la Foi, « il faut donc y ramener les hérétiques, en tâ- « chant de leur faire aimer une morale plus sainte « et plus sévère ; alors ils n'auront plus de diffi- « culté à croire..... Si donc nous voulons convertir

« une personne, dont les mœurs soient aussi gâ-« tées que sa foi est pervertie, nous devons em-« ployer tous les moyens de l'arracher à ses pas-« sions, avant de lui dire un seul mot contre ses « erreurs.

« Je me suis conduit de la sorte à l'égard d'un « prêtre qui vint me prier de combattre par quel-« que raison solide, si je le pouvais, la doctrine « qu'il s'était faite sur le mariage des prêtres. « J'entrai familièrement avec lui en conversation, « et par la confiance que je lui inspirai, il s'ouvrit « tout entier à moi. Ce malheureux était retenu « depuis longues années dans des liaisons crimi-« nelles; je parvins cependant, sans entrer en « aucune dispute, à lui faire sentir le danger de « sa vie corrompue, et à le ramener à de meilleurs « sentimens; avec le secours de Dieu, il se retira « de ses désordres, et en même temps, sans qu'il « ait songé à disputer sur la doctrine catholique, « il vit dissiper toutes ses erreurs, que le seul « dérèglement de sa vie avait produites et forti-« fiées.

« Puisqu'une des principales erreurs des Luthé-« riens consiste à détruire le mérite des bonnes « œuvres et à tout réduire à la Foi, il est néces-« saire de nous attacher à leur inspirer dans tous « nos discours, l'amour et le zèle de ces bonnes « œuvres. Et lorsqu'un hérétique conteste à l'E-« glise le pouvoir de nous faire un précepte rigou-« reux de l'assistance au saint Sacrifice, ou des « saints offices, le vrai moyen de le convertir est « de l'exhorter vivement à la prière, à la messe

« et autres devoirs semblables ; car cet homme, « avant de devenir hérétique, a commencé incon- « testablement par entendre mal le saint sacrifice « de la messe, par prier mal, etc.

« Observons avec soin que les ministres et les « chefs de la secte, pour soutenir leurs erreurs « contre l'autorité de l'Eglise et des Saints-Pères, « font surtout valoir l'incurable faiblesse de l'hom- « me, qui le rend incapable d'obéir ou de souffrir « pour Dieu, et qui repousse les lois de l'Eglise « comme un joug insupportable. On a donc besoin « de relever leur courage abattu par des exhor- « tations pleines de l'esprit de Dieu, afin qu'ils se « remettent à espérer, et qu'ils reprennent con- « fiance de pouvoir exécuter avec l'aide de Dieu, « non-seulement les devoirs commandés, mais « beaucoup plus encore.....

« Mais pour obtenir d'hommes si dégradés et « presque réprouvés cette soumission d'esprit et « cette patience si nécessaires, on a besoin de se- « cours tout particuliers et d'une grande abondance « du feu divin ; il faut comme un prodige de la « grace; ce qui ne nous laisse qu'une faible espé- « rance de les ramener.

« Celui qui, dans ses entrevues avec les héréti- « ques, se contenterait de leur inculquer forte- « ment la nécessité d'une vie bien réglée, la « beauté de la vertu, le souvenir du dernier jour « et des peines de l'enfer..... celui-là aurait plus « fait pour le salut de leurs ames, que s'il s'effor- « çait de les accabler du poids des autorités et de « la multitude des raisonnemens.....

« Je m'arrête; et je vous prie de me tenir compte « de ma bonne volonté à répondre au zèle qui « vous a porté à me demander ces renseignemens. « Lorsque j'aurai plus de force et de loisir, peut-« être vous en dirai-je davantage sur cette matière, « quoiqu'il me semble que tout peut se rapporter « à ce que je vous en écris (1). »

Dans ses différentes excursions au centre de l'Empire Germanique, le père Favre ne rencontra autour de lui que troubles, scandales, anarchie intellectuelle, défection des peuples et des pasteurs; les monastères détruits ou envahis par la rapacité luthérienne; les pierres du Sanctuaire profanées et dissipées; les tabernacles du Dieu vivant, le Saint des Saints lui-même outragé par des sacriléges abominables; partout le spectacle de la désolation et des ruines de la Religion et de l'ancien ordre social. Alors cette ame sensible ne trouvant plus d'asile sur cette terre de malédiction, se sentit pressée d'entretenir un commerce encore plus assidu avec les intelligences célestes et tous les habitans du séjour immortel. En quelque lieu qu'il dirigeât ses pas, son premier soin était de saluer avec respect et d'invoquer avec confiance les anges protecteurs des habitations et des personnes qu'il rencontrait. Il aimait à s'entretenir avec ces génies tutélaires des royaumes, des cités, des familles et des individus, qui se trouvaient sur son passage, surtout quand il devait leur faire entendre les paroles de la vie éternelle. A mesure

(1) ORLANDINI, *Vita P. Fabri*, *lib. posterioris*, *cap.* 21.

qu'il s'avançait à travers les états divers et les provinces, sa foi lui rappelait incessamment le Dieu de charité qui avait résidé ou qui résidait encore dans les églises ruinées ou délaissées; puis il rendait ses hommages aux Saints révérés dans les Sanctuaires les plus remarquables de la contrée. Levant alors ses regards vers le séjour immortel, il réclamait en faveur de ses frères l'heureuse intervention de tous les habitans de la sainte Cité. Ce divin cortége, dont il savait s'entourer, calmait ses peines et ses dégoûts , soulageait ses fatigues, et ne lui laissait éprouver nulle part l'horreur de la solitude et de l'isolement. Aussi, comme il était persuasif et entraînant, quand il s'agissait de communiquer aux autres sa dévotion tendre et exaltée pour les saints Anges Gardiens, dont la présence faisait ses plus chères délices! On ne sera pas fâché de trouver ici ce que le saint Evêque de Genève en écrivait *à Philothée :*

« Le grand Pierre Faure, premier prêtre, premier prédicateur, premier lecteur de théologie « de la sainte Compagnie de Jésus , et premier « compagnon du père Ignace, fondateur d'icelle, « revenant un jour d'Allemagne, où il avait fait « de grands services à la gloire de Notre Seigneur, « et passant en ce diocèse, lieu de sa naissance, « raccontait qu'ayant traversé plusieurs lieux hérétiques, il avait receu mille consolations, d'avoir « salué, en abordant chaque paroisse, les Anges « protecteurs d'icelle, lesquels il avait cognu sensiblement lui avoir été propices, soit pour le garantir des embuches des hérétiques, soit pour lui

« rendre plusieurs ats douces et dociles à rece-
« voir la doctrine du lut. Et disait cela avec tant
« de recommandatio, qu'une Damoiselle, lors
« jeune, l'ayant ouye sa bouche, le récitait il
« n'y a que quatre ans c'est-à-dire plus de soixan-
« ans après, avec un xtrême sentiment.

« Je fus consolé cte année passée de consa-
« crer un autel sur l place, en laquelle Dieu fit
« naistre ce bienheuux homme, au petit vil-
« lage du Vilaret, ene nos plus aspres monta-
« gnes (1) ».

(1) Introduction à la vie dévot part. 2, chap. 16, édition de J. F. Blaise, Paris, 1821, t. 3, p. 118

CHAPITRE VI.

LE PÈRE FAVRE SE REND EN ESPAGNE ; IL EST RAPPELÉ EN ALLEMAGNE, POUR S'OPPOSER AUX PROGRÈS DU PROTESTANTISME.

Comme le père Favre était tout occupé à Ratisbonne de ses pieuses méditations et des œuvres du saint ministère, il lui arriva des ordres du Saint-Siége, qui l'obligeaient à suivre le comte Ortiz en Espagne. Avant de quitter Ratisbonne, il avait reçu l'heureuse nouvelle de l'érection de sa Compagnie en congrégation religieuse, et de l'élection d'Ignace, pour en être le premier supérieur général. En conséquence, il se rendit dans l'église de Notre-Dame, pour y renouveler sa profession, qu'il envoya par écrit à saint Ignace. Après quoi il se mit en route pour l'Espagne, sur la fin de juillet 1540, avec Ortiz et quelques personnes de sa suite.

Les troubles et les guerres de cette malheureuse époque avaient rendu les routes difficiles et fort dangereuses ; aussi eurent-ils beaucoup à souffrir durant ce long voyage. Dès qu'ils furent entrés en France, ils furent arrêtés par je ne sais quel chef de brigands, qui les constitua prisonniers dans un vieux manoir, afin d'en retirer une bonne rançon. Pendant sa captivité, Favre eut des entretiens fréquens avec le Chef et ses satellites. Il ne leur adressa que des paroles pleines de douceur et d'urbanité, apprivoisant peu à peu ces hommes plus ignorans, plus grossiers que méchans. Bientôt il leur fit goûter les leçons de l'Evangile; le chef surtout en fut si touché, qu'il reconnut et confessa ses égaremens avec un grand repentir. Après sept jours de détention, il rendit la liberté aux voyageurs, sans rançon, et même avec de grands égards et des témoignages sincères d'estime et de vénération pour le père Favre.

Arrivé enfin au-delà des Pyrénées, sa dévotion fut singulièrement consolée à la vue de ces florissantes provinces, où régnaient, avec l'unité de la Foi, le calme et la prospérité. Que de saintes émotions il éprouva, surtout en visitant ces nombreux et riches sanctuaires, que la piété des fidèles avait élevés de toute part, pour honorer et les mystères du Rédempteur, et les augustes prérogatives de la Reine des Anges, et les combats des Martyrs, et les travaux et les bienfaits des grands hommes qui firent la gloire de la Religion! Selon sa méthode (*exposée ci-dessus, chap. V*), les pensées de la Foi ne cessaient d'animer et d'embellir le spectacle varié que sa vie errante faisait passer sous ses yeux. La rencontre d'une chaumière ou d'un palais, d'un petit village ou d'une cité populeuse, le mettait constamment en rapport avec les messagers du ciel; les périls et les besoins de tous les membres de la grande famille excitaient en lui une tendre commisération, et l'embrasaient d'une charité toujours plus ardente ; en sorte que sa piété industrieuse trouvait un aliment continuel, où tant d'autres ne rencontrent que vaine curiosité et dissipation. Ce fut dans cet esprit qu'il parcourut avec Ortiz Saragosse, Madrid, Medina-Cœli, Sagonte, Alcala et bien d'autres villes plus ou moins considérables. N'ayant pas le loisir de se livrer aux œuvres qui exigent un travail suivi et d'une lente exécution, il tâchait du moins de se rendre utile au petit peuple et aux enfans, qu'il catéchisait et édifiait de son mieux, laissant partout une excellente idée de la Compagnie naissante, qui devait bientôt répandre un si grand éclat dans les royaumes et les vastes possessions soumises à la couronne d'Espagne.

Cependant, à cette première excursion du père Favre dans la Péninsule, il ne put y faire le bien qu'à la hâte et comme en passant ; parce que le Souverain Pontife le rappela promptement en Allemagne, pour y combattre les progrès de la défection, qui allait toujours croissant. Avant de rentrer dans cette vigne désolée, il fut inspiré de recourir au ciel par des prières ferventes, pour lui demander quelques ouvriers courageux, qui pussent partager ses peines et seconder ses efforts. Le Seigneur exauça ses vœux d'une manière bien consolante : comme il quittait la Cour de leurs AA. RR. Marie et Jeanne, Infantes d'Espagne, ces deux princesses ne pouvant le retenir, malgré toutes leurs instances, le firent accompagner jusqu'à Tolède par deux Chapelains, attachés à leurs maisons. Ces deux prêtres, qui se nommaient Jean d'Arragon et Alphonse Alvarès, furent d'abord extrêmement charmés des entretiens du pieux étranger. Dans l'intimité du voyage, les cœurs s'ouvrirent en toute liberté; Favre leur montra, avec cette onction qui lui était propre, la vanité des grandeurs et de toutes les espérances dont le monde flatte ses victimes; il retraça vivement et les devoirs du Sacerdoce, et les besoins urgens de l'Eglise, particulièrement dans les pays infectés par le schisme et le poison des nouvelles erreurs; il leur fit goûter le bonheur de n'avoir plus sur la terre d'autre souci que de faire la volonté de Dieu, et de lui gagner des ames rachetées par le sang de son Fils. L'onction de l'esprit divin donna tant de force à ses paroles, que ces deux prêtres se résolurent de suite à rompre tous leurs engagemens, pour se mettre sous la conduite du père Favre et devenir membres de la nouvelle Société. Heureux de cette importante conquête, Favre dirige courageusement ses pas vers les régions volcanisées, où le Vicaire de Jésus-Christ l'appelle à de nouveaux combats.

Je ne m'arrête point à décrire ici les périls et les tribulations que ces trois pauvres prêtres eurent à souffrir durant ce voyage, soit de la part d'une bande de voleurs dont ils furent assaillis avant de quitter l'Espagne, soit de la part de quelques grossières milices et des hérétiques furieux, qui les insultèrent plus d'une fois, en traversant la France, la Savoie, la Suisse et les contrées méridionales de l'Empire Germanique. Favre reparut donc alors dans son pays; mais cet incident du voyage, loin de lui procurer des jouissances, lui fournit bien plutôt l'occasion d'un grand sacrifice. Il se contenta de revoir de loin les montagnes au milieu desquelles il avait passé ses premiers ans. Il prêcha même dans le voisinage, mais il ne voulut point reparaître au Villaret, soit par esprit de détachement, soit peut-être aussi pour ne pas rafraîchir des émotions trop pénibles et d'affligeans souvenirs, qui l'eussent distrait de ses travaux apostoliques (1).

Favre poursuivant sa route avec ses deux novices, soulageait ses peines et ses fatigues par les pieux entretiens d'une charité douce et affectueuse. La plus parfaite harmonie régnait entre les trois pélerins, au point qu'ils n'avaient en toute vérité qu'un cœur et qu'une ame. Selon les ordres du Pape Paul III, ils se rendirent sans délai à Spire, où la Foi catholique courait des dangers pressans. Cette grande ville offrait une ample moisson au zèle du père Favre; mais aussi que

(1) Je ne puis m'assurer si c'est à ce voyage qu'il faut rapporter ce qu'en dit saint François de Sales au liv. 2 de *l'Introduction à la vie dévote*, chap. 16 (cité plus haut, sur la fin du chap. 5); soit encore un autre incident, raconté par le père Bartoli, qui assure que le père Favre fut accueilli avec une grande vénération par le Duc Charles *le bon*, que ce Prince voulut l'entendre chaque jour une heure, sur les intérêts de son ame et sur des matières spirituelles. (Bartoli, *dell' Italia*, *lib.* 1, *cap.* 13.)

d'obstacles à surmonter! Là, comme dans d'autres contrées de l'Allemagne, le Clergé était bien loin de répondre à la sainteté de sa vocation. Le père Favre, malgré sa charité et sa modestie, disait souvent qu'il ne connaissait pas de plus grands ennemis de la Religion catholique, que les mauvais prêtres et les moines dépravés. Dès son début à Spire, il trouva tout le monde prévenu contre lui; on l'avait dépeint comme un réformateur dur et austère; il n'en fallut pas davantage pour éloigner de lui tout le Clergé de la ville. L'humble Missionnaire ne s'offensa point de cette injuste froideur. Il usa, au contraire, de tant de ménagemens et d'égards pour les différens membres du Clergé, qu'il gagna peu à peu la confiance des plus estimables; quelques-uns firent sous sa direction les exercices spirituels de saint Ignace, et lui devinrent tellement dévoués, qu'ils le secondèrent puissamment dans la mission qu'il avait à remplir. Il se trouvait dans cette ville un prédicateur assez distingué, qui inclinait vers la nouvelle réforme; Favre se l'attacha par des soins infinis, et eut le bonheur de le ramener à la pureté de la Foi. Le merveilleux changement qui s'opérait dans les prêtres, fit une grande et salutaire impression sur l'esprit du peuple, et contribua beaucoup à le ramener aux saintes pratiques de la Religion; en sorte que les Curés assuraient qu'aux Pâques de cette année, on avait vu plus de fidèles à la Table sainte, que pendant les vingt années précédentes. L'évêque Philippe de Fleschein et son Grand-Vicaire prirent alors des mesures pour écarter du saint ministère tous ceux qui persisteraient dans leur inconduite, et ne se mettraient pas de suite en devoir de réparer les scandales qu'ils auraient pu donner. Cet heureux renouvellement encourageait le père Favre et lui donnait l'espoir de rétablir en Allemagne l'empire de la Religion et de la morale évangélique. C'était du moins la pieuse illusion d'un cœur bon et plein de charité. Mais, hélas! la plaie était trop profonde et le remède arrivait trop tard. Il faut le dire avec douleur, l'ensemble du Clergé de ce pays était descendu trop bas dans l'opinion pour s'opposer avec vigueur et succès aux séductions de la réforme, qui savait si bien remuer et mettre à l'aise toutes les passions. Il y avait long-temps que les hommes sages et éclairés pressentaient une catastrophe. La constitution organique de l'Eglise d'Allemagne la rendait presque inévitable. Les richesses accumulées dans cette Eglise attiraient chaque jour dans le Sanctuaire une foule de sujets, qui n'avaient d'autre vocation que leur cupidité ou des convenances de famille. Les Prélats, Princes et grands Seigneurs, étaient pour la plupart trop ignorans ou trop occupés des soins de la politique ou du gouvernement, pour veiller au choix des pasteurs et des bénéficiers, et au maintien de la discipline, dont eux-mêmes n'étaient pas des modèles. De là ce refroidissement de la piété et du zèle sacerdotal; de là ces mœurs relâchées, équivoques, et souvent scandaleuses. L'ordre sacerdotal étant si pitoyablement déchu pour les lumières, la décence et la régularité, la multitude ignorante et dépravée n'avait plus rien vu de sacré dans l'autorité de tels pasteurs. L'idée du prince temporel et du ministre de l'Eglise se trouvant confondue dans l'opinion, l'aversion qu'inspirait trop souvent une mauvaise administration, retombait infailliblement sur la Religion elle-même. Aussi, quand le fougueux Luther eut arboré l'étendard de la révolte et proclamé *l'émancipation des enfans de Dieu*, quelle scandaleuse défection dans tous les ordres de la Hiérarchie et de l'Etat! L'entraînement fut si rapide, que Luther lui-même en fut étonné, et qu'il n'eut pas de meilleures preuves à donner de sa funeste mission; n'observant pas qu'ayant usé des mêmes moyens de perversion que le faux prophète de la Mecque, des succès analogues n'attestaient pas plus l'intervention du ciel en faveur de l'un qu'en faveur de l'autre. L'embrasement qui ravageait l'Allemagne, allait dévorer le monde entier, si le Seigneur ne se fût souvenu des promesses qu'il avait faites à son Eglise. On s'accordait généralement à demander une réforme; le génie du mensonge opérait la sienne par le ministère de Luther et de ses fanatiques prédicans; mais la sagesse divine en préparait une autre à Trente d'un genre bien différent. Combien cette réforme eût été plus prompte et plus profitable à l'Allemagne, s'il y avait eu dans ces contrées un plus grand nombre d'ouvriers apostoliques, marchant sur les traces des Ecchius, des Favre, des Colchée, des Canisius, etc.!

Notre saint Missionnaire ne cessait d'attirer les

bénédictions du Seigneur sur son ministère à Spire, par des prières ferventes et continuelles, par une vie pénitente et mortifiée, par une affabilité qui lui gagnait tous les cœurs, et par une grande prudence à éviter tout ce qui aurait pu froisser qui que ce fût. Les attentions de sa charité étaient si engageantes, que jamais il ne lui échappait le moindre signe de mépris, de dédain, ou seulement d'indifférence. Il ne lui en coûtait rien de s'abaisser, afin de secourir ses frères et de les ramener à la vertu. Une marche si sage et si conforme à l'esprit de l'Evangile, ne pouvait manquer de produire d'heureux résultats. Voici ce qu'il en écrivait à un de ses amis :

« J'ai séjourné à Spire, avec mes deux Espa-
« gnols, jusqu'au 10 octobre, tâchant de concilier
« ce peuple à mes usages, qui sont plutôt ceux
« du Clergé d'Espagne. Déjà vous connaissez, par
« ce que je vous en ai écrit, quels furent les com-
« mencemens de mes travaux dans cette ville.
« Béni soit le Seigneur, qui a bien voulu que la fin
« et le résultat en fussent beaucoup plus heu-
« reux! Déjà il n'y avait plus personne à Spire,
« tant parmi les séculiers que dans le Clergé, qui
« ne nous témoignât la plus grande bienveillance.
« Ceux-là même qui étaient loin de penser comme
« nous sur la Foi, dès qu'ils eurent vu notre ma-
« nière de faire et compris nos sentimens, n'a-
« vaient que des bontés pour nous. En sorte que
« c'est avec douleur que nous nous sommes éloi-

« gnés de Spire, où du reste nos cœurs demeure-
« ront à jamais (1). »

Ayant ainsi aplani les difficultés, et gagné la confiance générale dans la ville de Spire, le père Favre était disposé à y prolonger son séjour, et à y continuer l'œuvre de son ministère; mais le Légat du Saint-Siége, Moron, lui écrivit de se rendre à Mayence, auprès du Cardinal Archevêque, qui le demandait avec instance, pour l'aider à sauver son peuple de la contagion des nouvelles erreurs. En conséquence, le père Favre s'y rendit au mois d'août 1542. Il y fut reçu avec une extrême bienveillance par le vénérable Archevêque, qui avait conçu pour lui une haute estime à la diète de Ratisbonne. Le Prélat consulta Favre sur des mesures importantes au bien de son diocèse, et se servit de son ministère pour opérer d'utiles réformes. Il prêcha à Mayence avec tout le zèle et l'onction d'un saint Missionnaire. Il eut besoin

(1) *Spiræ, cum duobus meis Hispanis, usque ad* 10 *octobris egi, eam mihi gentem conciliando et habitui meo, qui est secundum usum sacerdotum Hispaniensium. Quid hic egerim circa initia novit per litteras meas caritas vestra. Benedictus Deus qui dedit ut finis et recessus melior fuerit. Nemo enim jam Spiræ erat, sive ex secularibus, sive ex sacerdotibus, qui nobis non esset per quam benevolus. Sed et ipsi qui nobiscum maxime dissentire videbantur, quantum ad ea quæ fidei sunt, videntes conversationem nostram, et animos, hi, inquam, benevoli erant omnino; ita ut cum dolore recesserimus : quantum ad spiritum, sed semper Spiræ futuri sumus.* (ORLANDINI, Vita P. Fabri, lib. 2, cap. 18.)

N. B. J'ai cru devoir donner ici cette lettre *in extensum*, soit parce qu'elle exprime bien le succès de la mission du père Favre, soit parce qu'elle peut donner une idée de sa manière d'écrire.

de toute sa prudence et de tout l'ascendant que donne une sainteté reconnue, pour apaiser l'agitation que ses premiers discours avaient occasionnée dans la ville. Sa charité douce et conciliante réussit bientôt à calmer cet orage naissant. Quand on eut mieux connu cet ange de paix, les préventions se dissipèrent ; et quoique son séjour à Mayence fût assez court, il y fut néanmoins d'une très-heureuse influence. C'est là qu'il tira de l'abîme un Religieux, dont la conversion lui causa une joie proportionnée à la peine qu'elle lui avait coûtée. Que de prières il adressa au Dieu des miséricordes ! que de soins il se donna pour captiver et toucher ce malheureux, dont les mœurs et la foi avaient également fait naufrage ! Favre eut enfin la consolation de lui faire suivre les exercices de saint Ignace, et de le faire entrer avec courage dans les voies de la vérité et de la pénitence.

Lorsqu'il dut quitter Mayence pour revenir à Spire, le Cardinal, après l'avoir comblé de marques d'estime et de confiance, voulut aussi lui exprimer sa reconnaissance par des largesses dignes de sa libéralité. L'humble Missionnaire s'en défendit avec un désintéressement qui édifia son Eminence. Le magnanime Prélat trouva pourtant moyen de glisser 100 florins d'or dans la boîte qui renfermait le bréviaire du pauvre Prêtre. Quand il s'en fut aperçu, il jugea que ce serait offenser son Eminence, que de repousser obstinément une charité faite avec autant de délicatesse que de générosité. Il se hâta d'employer cette somme, soit à secourir les pauvres, soit à l'entretien de quelques étudians de sa Compagnie, qui faisaient leurs cours de théologie à l'Université de Louvain. Pour lui, suivant les traces du divin modèle qui n'eut pas où reposer sa tête, il se contentait de vivre des secours des ames charitables, et il se croyait honoré aux yeux de Dieu et de ses Anges, quand il lui arrivait de manquer de tout et de subir les rigueurs de la pauvreté religieuse, pour laquelle il avait un respect infini.

Le père Favre venait de reprendre ses occupations ordinaires à Spire, à la grande satisfaction de l'Evêque et du Clergé de cette ville, lorsque le Cardinal Albert, de concert avec le Légat du Pape, le rappela de nouveau à Mayence. Le dessein du Prélat avait été de le choisir pour un de ses théologiens, et de le conduire avec lui au concile général, dont le Pape Paul III venait d'indiquer l'ouverture à Trente, pour le 1er novembre 1542. Favre reprit sans balancer la route de Mayence. Mais sur ces entrefaites on apprit que le fléau de la guerre, qui dévastait l'Europe depuis si longtemps, avait encore fait ajourner l'ouverture du concile à une époque plus tranquille. Malgré ce contre-temps qui contrariait le premier dessein du Cardinal Albert, il ne voulut point laisser repartir le père Favre, et le retint à Mayence, pour donner des leçons d'Ecriture-Sainte dans l'Université de cette ville, et surtout pour y travailler à la sanctification des étudians et du Clergé. Ce genre d'exercice n'était pas nouveau pour le saint Prêtre, qui avait déjà été chargé d'un cours semblable au collége de la Sapience à Rome, dès l'année 1538 (1).

Il choisit pour sujet de ses leçons les Psaumes de David, qu'il expliqua avec tant de facilité et d'onction, que son cours fut extrêmement suivi. Encouragé par ce succès, le Cardinal Archevêque chargea encore le père Favre de donner chaque dimanche, des homélies en latin sur les Psaumes. Le Clergé et les personnes qui savaient le latin, alors encore d'un usage fort répandu en Allemagne, se rendirent avec beaucoup d'empressement aux instructions du père Favre ; et il y en eut plusieurs qui furent éclairés et convertis par les discours du pieux et savant orateur.

Comme dans ses missions antérieures, le père Favre mit tous ses soins à inspirer aux personnes consacrées à Dieu, le zèle de leur propre sanctification et du salut des ames. Il tâchait surtout de les décider aux saints exercices de la retraite, et à l'oraison de chaque jour. Si ses entretiens et ses exhortations charitables pouvaient obtenir d'un Prêtre ou d'un Religieux, qu'il se donnât tout de bon à la méditation des vérités fondamentales de la Religion, il était presque sûr de l'amener à un changement complet de mœurs et d'habitudes. Ce fut par ce moyen qu'il remédia à bien des misères, et qu'il fit disparaître bien des taches, qui compromettaient l'honneur du Sacerdoce. Le Ciel sembla lui avoir donné une mission spéciale pour ce genre de prodiges. Que d'infortunés, jusque-là

(1) Ci-dessus, chap. 4.

infidèles à leur sublime destination, et déjà engagés dans la voie de l'erreur et d'une honteuse apostasie, lui furent redevables de leur retour à Dieu et de leur éternelle prédestination! Le bien qu'opérait le père Favre à Mayence, donnait au Cardinal les plus douces consolations, et il ne savait comment en exprimer sa gratitude et son estime à l'humble Missionnaire. L'été suivant, 1543, il le conduisit à sa maison de campagne d'Aschaffembourg, pour conférer avec lui sur des objets qui l'intéressaient vivement. Le fervent Religieux sut mettre à profit les momens et les occasions favorables, pour encourager son Eminence à la pratique des plus hautes vertus, et pour lui indiquer bien des mesures essentielles à la réforme et à la sanctification du nombreux troupeau confié à sa garde, espérant bien que si cette illustre Métropole conservait et faisait refleurir l'ancienne croyance, son exemple serait du plus grand poids auprès des autres cités germaniques.

Le père Favre eut aussi occasion d'exposer au Cardinal Albert le plan et les règles de sa Compagnie, de manière à lui en faire concevoir une grande estime, et à le rendre extrêmement favorable à sa propagation. C'est ainsi que le saint Missionnaire ne perdait jamais de vue les grands intérêts de la Religion et le salut de ses frères. C'était dès lors l'unique passion qui remuât cette ame forte et désintéressée, insensible à toutes les bagatelles qui ne cessent de tourmenter les esclaves du monde. Pour lui, il ressentait une joie pure et céleste, quand il avait pu arracher une ame au vice et au démon. Souvent au milieu des plus accablantes fatigues, le Dieu des miséricordes encourageait son serviteur par d'ineffables consolations. Ecoutons la tendre effusion de sa reconnaissance, telle qu'il l'exprimait dans une lettre confidentielle à son confrère et ami le père Laynès, qui fut par la suite second Supérieur général de la Compagnie de Jésus.

« Que ne puis-je, mon cher frère, vous dévoiler « tous les bienfaits que le Seigneur a répandus « dans mon ame, depuis notre séparation à Plai- « sance jusqu'à ce jour; tout ce qu'il m'a fait con- « naître et sentir par rapport à Dieu, et à sa sainte « Mère, et aux bons Anges, et aux Saints qui sont « dans le ciel, ou dans le purgatoire! Que vous « dirai-je de mon intérieur, de mes élévations et « de mes abaissemens, et de tout ce que le Ciel « a opéré en moi, ou par moi?.... En ce qui con- « cerne le prochain, que de merveilles j'aurais à « vous communiquer, si je vous rapportais tout « ce que le Seigneur mon Dieu m'a dévoilé de « secrets, de lumières et de moyens pour connaî- « tre son intérieur, me réjouir des biens qui lui « arrivent, compatir à ses maux, rendre graces « pour lui, solliciter la miséricorde et le pardon « en sa faveur, et trouver des ressources pour « plaider favorablement sa cause auprès de Dieu « et de ses Saints! En un mot, mon très-cher « frère, jamais je ne pourrai célébrer assez digne- « ment, ni par mes œuvres, ni par mes paroles, « pas même atteindre par la pensée, toutes les « faveurs dont le Seigneur m'a comblé, et qu'il

« me prépare encore, soit en pansant lui-même « mes blessures, soit en guérissant mes plaies, « soit en effaçant mes fautes! Gloire à ce Dieu de « bonté! Amen! (1) »

Aussitôt qu'il lui fut permis de quitter Aschaffembourg, il prit congé du vénérable Archevêque, et rentra à Mayence, pour y poursuivre l'œuvre de Dieu, selon le plan dont il était convenu avec le Cardinal. Ce fut vers cette époque qu'il reçut à Mayence la visite du célèbre Canisius, né à Nimègue dans la Gueldre, et pour lors attaché à l'Académie de Cologne. Quoique très-jeune encore, il annonçait déjà les talens et les brillantes qualités qui le placèrent bientôt au premier rang des hommes célèbres de cette époque; théologien et controversiste consommé, orateur éloquent,

(1) *Utinam tibi, frater carissime, explicare possem quæ et quanta bona, ex quo abs te Placentia digressus sum usque ad hunc diem, et animam meam intraverint et in ea permanserint; quæ cognoverim, quæ senserim in his quæ ad Deum, quæque ad sanctissimam ejus Matrem pertinent et ad beatissimos, tum Angelos, tum animas quæ vel in cœlo, vel in purgatorio sunt! Interiora vero mea quid referam? Elevationes meas et depressiones meas, introitus in me et exitus a me?....*

De iis vero quæ ad proximum spectant non minus multa possent dici, in quibus Dominus meus modos mihi et rationes dedit, veritates ostendit et vias, ut illum cognoscam, illi de bonis congaudeam, de malis compatiar, pro illo gratias et agam, et petam veniam, ac remissionem quæram, et excusationes inveniam, et coram Deo et Sanctis ejus bona de illo et pro illo loquar.

In summa, Jacobe carissime, nunquam ego non dicam factis aut verbis exequi, sed neque cogitatione possim comprehendere quæ beneficia in me Deus meus contulit; meas contritiones alligans, sanans omnes infirmitates meas, delens meas iniquitates. Ipsi gloria! Amen! (ORLANDINI, Vita P. Fabri, lib. 2, cap. 10.)

écrivain solide et fécond, ennemi implacable des nouvelles erreurs, défenseur courageux des droits de l'Eglise et du Pontife Romain, dont il fut même Légat, sous Pie IV; enfin un des plus beaux ornemens de la Société de Jésus, dont elle fut redevable à la sagesse et à la piété du père Favre. Canisius en entendait dire des choses si extraordinaires et si touchantes, qu'il désirait le connaître personnellement. Il se rendit à cette fin à Mayence; dès les premiers entretiens il fut charmé de la modestie et de la capacité du saint Missionnaire. Plus ces deux belles ames s'ouvrirent avec cordialité, plus elles se sentirent portées l'une vers l'autre, par tous les charmes d'une amitié pure et céleste. Canisius eut la dévotion de faire une retraite sous la conduite de ce sage directeur, et il en sortit si transporté, qu'il résolut de rompre avec toutes les espérances du siècle, pour entrer le plus tôt qu'il le pourrait dans la Compagnie du père Favre, dont il ne pouvait se lasser d'admirer la doctrine et les vertus. On ne sera pas fâché de lire ce qu'un aussi bon juge écrivait à un ami sur notre vénérable compatriote.

« Un vent propice m'a conduit à Mayence. Ici, « pour mon plus grand bien, j'ai trouvé un homme, « si ce n'est pas plutôt un Ange du Seigneur, un « homme tel que je n'ai jamais ni vu, ni entendu « un théologien plus savant et plus profond, ni « d'une vertu plus éminente. L'unique vœu de son « cœur est de coopérer avec Jésus-Christ au salut « de ses frères. Je n'entends pas sortir de sa bou- « che une seule parole, ni dans la conversation

« ordinaire, ni même pendant le repas, qui ne « respire la gloire de Dieu et la dévotion. Et cependant il n'y a rien d'affecté, rien de fatiguant « dans ses entretiens. Il jouit d'une telle autorité « qu'on voit grand nombre de Religieux, d'Evêques et de Docteurs venir se former sous sa direction; de ce nombre se trouve le savant Colchée, qui fait partout éclater sa reconnaissance « pour les instructions et les lumières qu'il en a « reçues.....

« Pour ce qui me regarde moi-même, je ne puis « exprimer combien ces exercices spirituels ont « changé mon cœur et mes sentimens ; de quels « rayons célestes ils ont éclairé mon esprit, de « quelle force ils m'ont animé! En sorte que l'abondance de la grace se faisant sentir même sur « mon corps, j'ai paru tout fortifié et comme transformé en un autre homme (1). »

Canisius revint à Cologne, où il est à croire qu'il ne fut pas étranger à la démarche que firent bientôt le Clergé et les catholiques de cette ville, pour y attirer le père Favre. Et en effet, comme il ne songeait qu'à seconder à Mayence le Cardinal Albert, pour l'édification de cette illustre Métropole, il lui arriva un messager de Cologne, pour le supplier de la manière la plus pressante de venir au secours de cette Eglise désolée, qu'un pasteur infidèle cherchait à entraîner dans sa malheureuse défection. Favre eût voulu se rendre de suite à cette touchante invitation, mais il crut devoir at-

(1) *Vita P. Fabri, lib. 1, cap. 13.*

tendre le retour de l'Archevêque encore absent, afin de demander son agrément et ses conseils, au sujet de la mission qu'on lui proposait de remplir à Cologne. Le sage et généreux Prélat n'eut pas de peine à comprendre que, dans l'état des choses, les besoins de l'Eglise de Cologne étaient plus urgens que ceux de son diocèse. Il céda donc pour un temps le saint Missionnaire, malgré son attachement personnel et le désir qu'il aurait eu de le retenir auprès de lui.

CHAPITRE VII.

MISSION DU PÈRE FAVRE A COLOGNE.

Nulle part la présence de l'homme de Dieu n'était plus nécessaire qu'à Cologne. La Foi catholique y courait le plus grand péril ; tout y faisait craindre prochainement une apostasie générale ; tout y était dans le trouble et la confusion, par les intrigues et les efforts que faisait l'Archevêque Electeur Herman de Weiden, pour pervertir son peuple. Après avoir déguisé quelque temps ses liaisons suspectes avec le parti de Luther, il en avait attiré dans son diocèse quelques - uns des principaux prédicans, c'est-à-dire Bucer, Pistorius, et le trop fameux Philippe Mélancthon. Quand il crut avoir bien préparé les esprits et qu'il eut fait entrer dans ces vues quelques membres du Chapitre et du Clergé de Cologne, il en était venu jusqu'à proposer la réforme à tous ses sujets, dans une assemblée publique. Le Clergé et l'Université, ayant à leur tête le zélé et savant Archidiacre Gropper, s'opposèrent vigoureusement aux tentatives de l'Electeur ; et comme l'aveugle Prélat s'entêtait à poursuivre l'œuvre funeste de la réformation, le Clergé et les bons Catholiques en appelèrent au Pape et à l'Empereur, comme protecteur de l'ancienne constitution germanique, dont la Religion catholique faisait partie.

A la vue des maux qui menaçaient l'Eglise de Cologne, le père Favre sentit redoubler son zèle et son courage. Peu content de défendre en particulier et en public la cause de la Religion, avec tout l'ascendant que lui donnaient son savoir et sa réputation, il osa même pénétrer dans le palais de l'Electeur, et lui faire entendre le langage de la Foi et de la raison, quoiqu'avec toutes les déférences possibles. Il fut assez bien accueilli par ce Prince, qui sembla même lui donner des espérances de retour et ralentir du moins ses vexations contre les défenseurs de la saine doctrine. Elevé à une dignité si éminente, à peu près avec le seul mérite d'un grand nom, Herman de Weiden avait été sincèrement attaché à la religion de ses pères, et d'une conduite estimable, jusqu'à ce qu'il eut sucé le poison des nouvelles erreurs. Mais il était sans talens, sans instruction, indolent et borné, et par là même aussi incapable de revenir d'une fausse démarche, que facile à s'y laisser entraîner, comme il est ordinaire aux génies de cette trempe. Il avait beaucoup entendu parler d'une réforme qui était généralement désirée ; mais jamais on ne put lui faire comprendre que l'Eglise se réforme en corrigeant les abus et en ramenant ses enfans à une morale, à une discipline plus sévère, mais qu'il ne lui est pas permis de toucher au dépôt sacré de la doctrine, que l'assistance du Fils de Dieu doit conserver intact jusqu'à son dernier avénement. L'ignorant et faible Herman de Weiden, une fois séduit et abusé par les apôtres du parti, ne sut plus s'affranchir de leur tutelle. Las de lutter contre les orages qu'il avait suscités lui-même, et voulant se soustraire aux embarras et aux soucis que sa mollesse ne pouvait plus porter, il abdiqua enfin spontanément le Siége et l'Electorat de Cologne, et reprit dans ses terres de Weiden un genre de vie dont la sphère étroite de ses moyens n'aurait jamais dû lui permettre de sortir. En abandonnant sa foi et sa première dignité, il s'ennuya aussi du célibat, et en vint à contracter publiquement un scandaleux mariage, suivant en cela l'exemple des chefs de la secte libertine; car tel était le dénouement ordinaire de ce drame, moitié sérieux, moitié burlesque, où tant d'hypocrites réformateurs finissaient toujours par dévoiler le motif secret qui avait déchaîné leur fureur contre le Sacerdoce catholique. Hélas! on peut le dire sans insulter à nos frères séparés, qui sont victimes de l'aveuglement de leurs pères, l'odieux Henri VIII n'est pas le seul qui ait trouvé dans la corruption de son cœur une mission suffisante pour réformer l'Eglise! Quand on réfléchit sur le caractère et la moralité des apôtres du nouvel évangile, il faut s'abîmer avec le grand évêque de Meaux, devant cette justice impénétrable, qui permit à de tels hommes d'acquérir sur les peuples un si effroyable pouvoir de séduction, et d'entraîner à leur suite tant de provinces, tant de florissans royaumes! Révolution à jamais déplorable, qui, en arrachant à la Cité de Dieu une foule innombrable de citoyens, a jeté au sein des nations chrétiennes un éternel ferment de discorde! Après avoir brisé le joug bienfaisant et nécessaire d'une autorité établie par le Fils de Dieu lui-même, les esprits émancipés et livrés à je ne sais quelle désolante inquiétude, s'en vont cherchant la vérité et la vie à travers l'immense chaos des fausses doctrines et des impiétés les plus monstrueuses; lancés sans guide et sans boussole sur l'océan ténébreux des systèmes, des folies et des forfaits, peut-être sont-ils condamnés à errer d'abîme en abîme, dans le trouble et la confusion, jusqu'à la dernière catastrophe qui doit briser notre globe, et opérer l'éternelle séparation des bons et des méchans. Alors la mission de Luther, c'est-à-dire l'œuvre de l'orgueil et de la dépravation, sera jugée (1)!

(1) Il existait jadis chez les Grecs une secte de Philosophes que l'on nommait Zélétiques, c'est-à-dire chercheurs. (TENNEMANN, *Manuel de l'histoire de la Philosophie*, §. 124). En cessant de prendre pour base de leurs jugemens l'autorité de l'Eglise et des antiques traditions, les Protestans sont tous devenus *zélétiques*. Les philosophes modernes ont marché sur leurs traces; ils ont poussé le principe du nationalisme à ses dernières conséquences; ils sont devenus zélétiques ou chercheurs par excellence. Depuis si long-temps ils errent cherchant la vérité, et ne la rencontrent nulle part. Jusqu'ici ils ne sont convenus d'aucun principe; ils n'ont pas encore établi un seul dogme; le premier chapitre de leur catéchisme n'est pas écrit; leur symbole reste en blanc! Les générations qui attendent, pour croire, le résultat de leurs investigations, vivent et meurent sans règle, sans espérance, sans avenir! Pour elles, la Religion, la vertu ne sont que des mots; le monde moral, un immense désert!... Heureux ceux

Cette secte alors dans toute la ferveur d'un prosélytisme délirant, fit des efforts incroyables pour détacher de l'unité l'antique et florissante Eglise de Cologne, jusque là un des plus beaux ornemens de l'Eglise Germanique. Le père Favre, rempli de compassion et d'alarmes sur le salut de ses frères, s'empressa de faire connaître exactement l'état des choses au Prélat Poggi, Légat du Saint-Siége, et résidant pour lors à Bonn, petite ville de l'électorat de Cologne; il pria le Nonce d'agir sans retard auprès du Pape et de l'Empereur, pour qu'on ne permît plus que les fidèles de Cologne restassent à la merci d'un Prince et d'un Evêque prévaricateur, ou plutôt d'un loup ravissant et prêt à dévorer le troupeau confié à sa garde. Le Nonce à son tour exigea du père Favre qu'il continuât à secourir les fidèles de Cologne, quels que fussent ses engagemens avec l'Archevêque de Mayence, lui promettant de s'interposer auprès du Cardinal Albert, et d'obtenir son agrément. Comme Favre n'avait d'autre désir que de faire le bien, et surtout de le faire où les besoins étaient les plus pressans, il consentit volontiers à se consacrer exclusivement à l'instruction et au soutien des religieux habitans de Cologne, peuple d'autant plus digne d'intérêt,

qui s'en tiennent avec docilité à l'autorité de l'Eglise, au Symbole, au Décalogue, aux maximes de l'Evangile! Ils ont pour toute la vie une croyance fixe, des règles invariables; il n'y en a pas ailleurs; il n'y en aura jamais. Leurs relations avec Dieu sont pour eux le principe des plus nobles vertus, des plus douces consolations et des plus sublimes espérances.

qu'il résistait avec assez de courage au terrible mouvement de perversion qui entraînait les villes et les provinces du voisinage.

Cependant, ainsi qu'on l'a déjà remarqué plus haut, la vie du père Favre devait être une suite continuelle de courses, de fatigues et de déplacemens. Dès qu'il fut jeté dans le mouvement des grandes affaires de la Religion, il ne lui fut plus possible de s'arrêter. Il lui arriva donc inopinément des ordres du Pape et de son Général, qui lui enjoignaient de se rendre sans délai à la Cour du Roi du Portugal. Le Roi Jean l'avait demandé nommément au père Ignace, qui n'osa pas refuser ce service à un Prince si religieux et protecteur zélé de la Société naissante. Le Nonce Poggi, qui comprenait combien le ministère du père Favre eût été nécessaire à Cologne, fit tout ce qu'il put pour le retenir; il en écrivit même de suite au Souverain Pontife Paul III. Mais Favre, qui ne savait jamais raisonner ni différer, quand il s'agissait d'obéir, partit sur-le-champ avec son confrère Jean d'Arragon, qu'il avait précédemment amené avec lui d'Espagne.

Il prit sa route par la Flandre, et fut visiter à Louvain quelques étudians de sa Compagnie, qu'on y avait placés pour suivre les cours de l'Université, depuis que l'humeur et la passion avaient dicté à François Ier l'ordre de faire sortir de son royaume tous les sujets Espagnols. Favre fut charmé de voir et d'embrasser cette fervente jeunesse, et lui adressa les plus touchantes exhortations. Il se rendit ensuite à Anvers pour y attendre le vaisseau portugais sur lequel il devait s'embarquer avec ses compagnons de voyage. Mais il était trop tard; car il apprit à Anvers que les navires portugais étaient déjà en pleine mer. Il lui fallut donc revenir sur ses pas , et rentrer à Louvain, pour y attendre une occasion plus favorable.

Dès le lendemain de son retour, il y fut saisi d'une fièvre tierce si opiniâtre que, pendant deux mois, elle déconcerta tous les secours de la médecine , et fit trembler pour ses jours. Favre, quoique infirme, ne laissait jamais échapper l'occasion d'être utile à ses frères, et de les porter à une vie plus parfaite. Durant ses longues souffrances et même dès sa première arrivée à Louvain, il avait reçu un accueil et des soins pleins de charité de la part d'un saint prêtre, nommé Corneille Vichaw, homme d'une bonté et d'une simplicité extraordinaires. Favre sonda ses dispositions et le jugea propre à entrer dans sa Compagnie; et après l'avoir soumis à des épreuves qui firent éclater la vertu et l'excellent naturel du pieux Corneille, bientôt il le reçut comme novice de la Société.

Il fut aussi d'une grande utilité à son Confrère François Strada, jeune religieux d'une capacité et d'un mérite qui donnaient les plus belles espérances. Sous la conduite du père Favre, il prit un essor extraordinaire dans la carrière de la sainteté : son cœur se sentit enflammé du feu divin, et son zèle devint plus actif et plus courageux. Le père Favre l'engagea dès lors à faire des discours latins, qui furent suivis par les professeurs et les élèves de l'Université, et par tout ce qu'il y avait de plus distingué à Louvain.

L'éloquence du jeune orateur produisit un excellent effet, surtout parmi les étudians. Cependant le père Favre, dans la crainte que ce surcroît de travail ne nuisît aux études de Strada, le faisait venir près du lit où la fièvre le retenait; il lui dictait lui-même le sujet et le plan de ses instructions, et lui en indiquait les principaux développemens; en sorte que c'était plutôt lui qui prêchait par l'organe de son jeune disciple. Il utilisait de même, autant qu'il était en lui, les talens et la docilité des autres membres de sa Congrégation, soit pour l'instruction du peuple, soit pour la visite et le soin des malades, soit pour l'édification des vierges consacrées à Dieu dans les monastères, soit surtout pour l'entretien de la piété dans la foule des étudians, accourus à Louvain de toutes les contrées de l'Europe.

Tous ses Confrères lui prodiguaient à l'envi les témoignages d'une confiance filiale et d'une profonde vénération. N'attendant plus rien du secours de l'art pour sa délivrance, ils adressèrent tous (et surtout le pieux Corneille) d'humbles et pressantes supplications au Seigneur, pour obtenir sa guérison. Des vœux si purs et si charitables ne tardèrent pas à être exaucés, et le père Favre fut rendu à la vie et à la santé, d'une manière tout-à-fait inespérée. Il eut même la consolation d'augmenter de quelques excellens Candidats sa petite colonie de Louvain; colonie qui peu après devint le fondement et le noyau d'un florissant collége, dont on doit rapporter l'origine à la sagesse et à l'industrie de notre saint Missionnaire (1).

Cependant Paul III, gagné par les instances et les sages observations du Nonce Poggi, ordonna au père Favre de retourner à Cologne, où la présence d'un Apôtre devenait de plus en plus nécessaire. Avant de quitter Louvain, Favre se hâta de mettre ordre à tout ce qui intéressait sa Compagnie. Entre les étudians de son ordre et les nouvelles recrues qu'il venait de faire, il en fit partir douze pour le Portugal, afin d'y aller continuer leurs études au collége de Coimbre. Quoique pour les préparer il eût été contraint d'abréger beaucoup les épreuves ordinaires, il eut lieu d'admirer le pouvoir de la grace sur ces jeunes gens, qui partirent tous avec un courage et un empressement dont il fut attendri jusqu'aux larmes. Après leur avoir fait les plus tendres adieux, il repartit lui-même avec deux jeunes novices pour Cologne, passant par Liège, Maestrich, Aix-la-Chapelle. Dans toutes ces villes, ses discours et l'esprit de foi qui l'animait, touchèrent plus d'une personne; il y en eut même qui lui promirent d'aller le rejoindre à Cologne, pour y faire sous lui les exercices de saint Ignace.

Il fut de retour à Cologne au commencement de février 1544. Il eut beaucoup de plaisir à y retrouver son confrère Alphonse Alvarès, plein de courage et de santé. Quant à son ami Canisius, il était allé dans son pays pour y pleurer sur le tom-

(1) Orlandini, *Vita P. Fabri*, *lib.* 1, *cap.* 14, *sub finem.*

beau de son père qui venait de mourir, et pour consoler sa famille. Favre lui écrivit à ce sujet une lettre attendrissante, dans laquelle il lui suggère les motifs les plus touchans et les plus propres à soulager sa douleur et celle de sa belle-mère. Jamais les sollicitudes et les travaux de l'apostolat ne le rendirent insensible aux afflictions de ses amis. On peut dire qu'il retrouvait dans son cœur compatissant et les inspirations de sa foi, des ressources admirables pour relever leur ame abattue et leur faire sentir combien les épreuves sont méritoires pour les disciples d'un Dieu crucifié.

On n'a pas oublié le zèle satanique que les Luthériens déployaient pour l'entière perversion de l'Electorat de Cologne; les plus habiles prédicateurs de la secte avaient été appelés pour dévorer cette proie; l'exemple de l'aveugle et coupable pasteur était déjà suivi par plusieurs personnages marquans tant du Clergé que des citoyens; d'autres, en grand nombre, hésitaient entre la fidélité et l'apostasie. Il y avait là, comme ailleurs, bien des ames faibles et dépourvues de lumières, bien des cœurs malades et qui n'avaient que trop de motifs d'adopter le nouvel Evangile. A force d'instruire, presser, solliciter, encourager tout le monde, le père Favre, de concert avec l'Archidiacre Gropper et d'autres bons Ecclésiastiques, réveilla la Foi et l'attachement à l'Eglise dans toutes les classes de citoyens. Les Ecclésiastiques, les membres de l'Université, les Sénateurs et les Magistrats se rendaient avec empressement à ses prédications latines; les retraites, les entretiens secrets et les confessions achevaient ensuite le bien qu'il avait commencé dans la chaire.

Au rapport des historiens de sa vie (1), ce fut alors que le père Favre eut des discussions avec Mélancthon et Bucer, où il réfuta avec beaucoup d'érudition et d'une manière victorieuse leurs objections et leurs sophismes. Nous ignorons quels furent le sujet et les circonstances de ces disputes, qui eurent au moins pour résultat d'augmenter le courage des catholiques et de rabattre un peu la présomptueuse confiance et la fierté des prédicans.

Si le retour des hérésiarques n'était pas dans l'ordre moral un phénomène inconnu, personne n'eût été plus propre que l'humble et savant père Favre à porter la lumière et le repentir dans l'ame du malheureux Mélancthon, le plus honnête homme entre les premiers réformateurs. Cet homme, doué d'un beau génie, cultivé d'ailleurs et enrichi de toutes les fleurs de la littérature ancienne, d'un caractère doux et modéré, d'un cœur sensible et naturellement plein de candeur et d'abandon, avait eu le malheur de tomber dès sa jeunesse entre les mains de l'audacieux Luther, qui devint tout à la fois son idole et son tyran. Séduit par un tel maître, qu'il nommait son *Achille*, son *Hercule*, le faible Mélancthon avait cru toucher à une nouvelle ère de lumières et de liberté; et pourtant il venait d'aliéner sans retour sa liberté personnelle! Occupé sans relâche à faire, défaire, augmenter,

(1) Orlandini, *Vita P. Fabri*, *lib.* 1, *cap.* 16, *sub finem.*

raccourcir et remanier sans fin les confessions de foi du parti ; souvent condamné à y insérer des doctrines qui n'étaient pas les siennes et qui changeaient du soir au matin ; poursuivi et terrorifié par Luther, qui lui faisait un crime de sa modération et de sa timide prudence, sans pouvoir jamais maîtriser les fougues de ce maître implacable, qu'on ne pouvait contrarier le moins du monde, sans lui faire de suite enfanter de nouveaux dogmes, de nouvelles monstruosités ; persécuté aussi et déchiré impitoyablement par une foule de tyrans subalternes, entre lesquels il se regardait comme *Daniel parmi les lions* (1) ; désespéré de voir disparaître du sein de la réforme toute concorde, toute unité, tout caractère de l'ancienne Eglise, à laquelle il rendait un secret hommage, dont il aurait voulu se rapprocher, sans oser franchir le pas ; embarrassé et confondu dans cet inextricable chaos d'opinions étranges et de systèmes discordans, sans qu'il lui fût permis d'exprimer franchement sa pensée ; ou plutôt cherchant lui-même son propre symbole, après en avoir tant fait pour les autres ; sa malheureuse carrière s'écoulait ainsi dans le trouble et les alarmes d'une conscience que rien ne pouvait calmer. Cent fois il conçut le dessein d'abandonner cette œuvre de confusion, qui, selon lui, *enfermait tous les maux ensemble*, pour aller cacher son chagrin et son désespoir dans quelque solitude ignorée. Quand on voit cette infortunée victime des caprices de Luther se consu-

(1) *Epistola ad Calv. inter Calv.* 144.

mer de douleurs et verser des larmes si abondantes que *les eaux de l'Elbe n'en approchaient pas* (1), on ne peut que s'attendrir sur une pareille destinée. Au lieu de se laisser asservir par l'apostat de Wittemberg, si ce malheureux Philippe eût été dirigé de bonne heure par un saint pasteur, par un François de Sales, que de chagrins amers il se fût épargnés! que de services il eût pu rendre à la Religion, avec tant de talens et d'heureuses qualités! Oh! que les desseins de Dieu sur les enfans des hommes sont impénétrables! Heureux ceux qui, aux dons du génie et au plus profond savoir, réunissent encore la modestie et la simplicité de l'enfance. *Nisi efficiamini sicut parvuli, non intrabitis in regnum cœlorum* (2)! Tels furent toujours les sentimens du saint Prêtre, que l'Eglise opposait à Cologne au plus séduisant apôtre de la déplorable réforme luthérienne. Sans avoir la célébrité de Mélancthon, ni ces pompeuses ressources d'une éloquence mondaine, Favre unissait à la science de la Religion une étude solide des controverses du moment, une grande connaissance du cœur humain, une douceur insinuante, et par-dessus tout une foi vive et capable de transporter des montagnes. Obéissant à l'inspiration d'une charité ardente et d'une conviction inébranlable, il la faisait passer dans l'ame de ses auditeurs d'une manière presque irrésistible. Cette éloquence vraiment évangélique, parce qu'elle n'était que la voix de la conviction et de la

(1) BOSSUET, Hist. des Var., liv. 5.
(2) MATTH., 18, 3.

vérité, fit échouer à Cologne le triomphe que s'étaient promis les vains discoureurs de la réforme, qui heureusement se retirèrent bientôt et portèrent ailleurs le funeste présent de leurs doctrines. Afin de raffermir l'empire de la Foi à Cologne, Favre appliqua toute l'ardeur de son zèle à éclairer, à calmer les esprits, à réformer les mœurs, surtout des personnes vouées au service des autels; et il eut le bonheur de voir la piété et l'attrait de la perfection renaître dans un grand nombre.

Il était vraiment infatigable quand il s'agissait de ramener quelque malheureux prodigue, errant loin de la maison de son père. Plus la plaie était profonde, plus l'état d'un pécheur était misérable, plus il en prenait compassion. L'immense charité du Sauveur s'emparait de son cœur, surtout au tribunal de la réconciliation : c'était un médecin charitable que ne rebutaient point les plus dégoûtantes maladies; c'était un père tendre, toujours prêt à recevoir dans les bras de la miséricorde, un enfant malheureux et confus de ses désordres. Un jour il lui arriva d'attendre pendant six heures un pauvre jeune homme, qui déjà l'avait trompé plusieurs fois, en lui promettant de venir se confesser à une heure indiquée. Le père Favre commençait à déplorer la perte d'un temps qu'auraient réclamé tant d'autres occupations; la pensée lui vint même de se retirer, sans attendre davantage; mais bientôt il réprime ce premier mouvement, en se disant à lui-même : « Quoi donc, on attend des journées « entières à la porte des palais, pour solliciter « quelque misérable faveur, et moi je n'aurais pas

« la patience d'attendre ici quelques heures pour « sauver une ame ! Hélas ! trop souvent moi-même « j'ai fait la sourde oreille, lorsque le Fils de Dieu « frappait à la porte de mon cœur ! aurais-je voulu « que sa patience se fût lassée et qu'il m'eût aban- « donné à ma misère ? Eh bien ! faisons donc pour « le dernier de ses enfans ce que ce bon père fait « chaque jour pour nous. Après tout, lors même « qu'il nous faudrait sacrifier tous nos travaux et « notre vie pour le salut d'une seule ame, ne se- « rions-nous déjà pas trop honorés ? N'est-ce pas « l'exemple que nous a donné le bon Pasteur ? (1) »

Accoutumé comme il l'était à tout ramener aux vues de la Foi, rien n'était beau à ses yeux, rien n'était grand, rien n'était consolant comme le salut d'une ame, quelle qu'eût été d'ailleurs sa bassesse et sa dégradation. La plaie la plus cuisante de son cœur, plaie douloureuse qui lui arrachait des soupirs et des larmes continuelles, c'était de voir périr tant de malheureux, sans pouvoir les secourir, ni leur montrer l'abîme creusé sous leurs pas. Sachant au reste qu'il n'appartient qu'à Dieu de faire fructifier la semence évangélique, il ne cessait d'attirer la rosée du ciel sur ses travaux par de ferventes oraisons. Souvent il se retirait dans une Chapelle des Ursulines, sanctuaire silencieux et tout rempli des cendres des vierges consacrées au Seigneur. Là, profondément recueilli, prosterné devant les saints Tabernacles, et comme entouré des dépouilles de la mort, le saint Missionnaire répandait son ame devant Dieu

(1) Orlandini, *Vita P. Fabri*, *lib.* 2, *cap.* 14.

et donnait un libre cours à ses larmes. Il sollicitait la miséricorde et le pardon envers ses frères, et suppliait avec une brûlante émotion l'esprit de lumière et de vérité, de ne pas se retirer de l'Eglise de Cologne, de confondre, de repousser l'esprit de mensonge, et de ne point livrer à sa fureur tant d'ames rachetées par le sang du Fils de Dieu! Dans ces délicieuses communications avec son Sauveur, souvent il lui arriva de sentir pénétrer dans son cœur un rayon céleste, un feu brûlant, une force indomptable pour combattre les ennemis de la Foi, et s'exposer à tous les périls, à tous les outrages, afin de repousser le démon de l'hérésie, et sauver les fidèles de Cologne. Le ciel bénit ses vœux et ses généreux efforts; la plus grande partie des habitans de Cologne tinrent ferme, malgré la prévarication et les tentatives du premier pasteur. Ce fut pour le père Favre une des plus grandes consolations de sa vie, d'avoir pu contribuer à retenir dans le sein de l'Eglise catholique, cette noble et importante cité.

Avant de reprendre le voyage de Portugal, pour lequel le Roi Jean faisait des nouvelles instances, le père Favre prit des mesures pour organiser à Cologne un petit collége de sa Compagnie, à la tête duquel il plaça Léonard de Kessel, homme d'une grande sagesse et d'une rare vertu. Cette petite communauté devint par la suite assez florissante, et servit beaucoup à perpétuer le bien que le père Favre avait si heureusement commencé à Cologne.

Je ne dois pas omettre ici un des fruits les plus

consolans de sa mission en cette ville: dès qu'il y fut arrivé, il se mit en rapport avec les pieux solitaires de la Chartreuse de Cologne, dont le père Prieur Gerard l'attendait avec impatience. Les enfans de saint Bruno, qui jamais ne dégénérèrent de l'esprit de piété et de l'austère vertu de leur saint fondateur, goûtèrent singulièrement dans le père Favre le mérite et la capacité, embellis par tant de modestie et de simplicité; toute la communauté se mit avec empressement sous sa direction, pour faire une retraite selon la méthode de saint Ignace. Peu à peu il s'établit une telle intimité entre ces bons Religieux et le Missionnaire Savoisien, qu'ils le traitèrent et le chérirent comme un des leurs. Bientôt ils contractèrent avec lui une *sainte alliance*, en vertu de laquelle les prières et les bonnes œuvres des deux ordres seraient mises en commun et profiteraient également soit aux disciples de Loyola, soit à ceux de saint Bruno. Les enfans du désert devaient lever des mains suppliantes vers le ciel, pendant que la Compagnie de Jésus combattrait dans la plaine (1).

C'était allier admirablement les fonctions diver-

(1) Tout l'ordre (des Chartreux) écrivit pour cet effet au père Ignace, durant un chapitre général; et la lettre, qui était signée de Dom Pierre Sardis, Prieur de la Grande-Chartreuse, portait que lui et ses Religieux, édifiés des mœurs innocentes, de la sainte doctrine et des travaux apostoliques de la Compagnie de Jésus, avaient remercié Notre Seigneur de ce qu'il l'avait suscitée dans un siècle si corrompu, et qu'ils désiraient l'aider, selon leur pouvoir, à continuer ses ministères, malgré les traverses et les persécutions, qui sont inséparables de la vie des parfaits chrétiens. (Le père BOUHOURS, *Vie de saint Ignace*, *liv.* 4).

ses de Marthe et de Marie, en ne faisant qu'une seule famille de deux grands corps, dont l'un devait toujours être en prières, et l'autre toujours en mouvement. Aussi ces aimables liens d'une charité pure et désintéressée furent-ils si goûtés par les supérieurs des deux Congrégations, qu'ils les ratifièrent avec joie, et qu'ils consacrèrent par des *monumens authentiques* le pieux concordat passé à Cologne par les soins du père Favre (1). Cette heureuse harmonie s'est continuée dans les âges suivans, au grand avantage des uns et des autres, ou plutôt cette précieuse communauté de biens spirituels n'a pu que contribuer à la gloire de Dieu, et enrichir la grande et belle société, qui renferme toutes les autres dans son sein.

Sur le point de quitter Cologne pour ne plus y revenir, le père Favre ne manqua pas de faire aux fervens solitaires de la Chartreuse les plus touchans adieux, en recommandant à leur bienveillance la petite communauté de son ordre, qu'il laissait à Cologne sous la direction de Léonard de Kessel. Enfin, après avoir adressé de sages exhortations soit à ses confrères, soit aux ecclésiastiques de la ville, avec lesquels il s'était lié d'une étroite amitié, il s'éloigna de Cologne, en versant des larmes et en priant avec effusion de cœur pour la conservation et la prospérité de la Foi dans cette ville, devenue l'objet de ses plus chères affections. Rien ne fait mieux connaître l'intérêt vif et profond

(1) L'acte est du 16 mai 1544, et fut encore ratifié au chapitre général de 1583. (Bartoli, *Dell' Italia*, *lib.* 1, *cap.* 16).

qui le rattachait à cette Eglise, que ce qu'il en écrivait d'Espagne peu de temps après, à l'occasion d'un des membres de la petite communauté de Cologne, qui venait d'y mourir.

« ...... Depuis long-temps je préfère le salut de « tant d'ames au succès de vos études; je n'ignore « pas que chacun de vous pourrait beaucoup mieux « profiter dans toute autre Université que celle de « Cologne. Mais telle est la force de mon amour « pour cette ville, que je ne crains pas de vous « exposer à quelques périls, et que j'aime mieux « vous savoir peu instruits à Cologne, que très-« savans dans un autre lieu..... Dom Alvarès con-« naît toute l'ardeur de ma charité pour les fidèles « de Cologne; il a même pu en ressentir quelques « inconvéniens. Eh bien! oui, je l'avoue, tel est le « sentiment de mon cœur, il me serait moins pé-« nible d'apprendre que chacun de vous vient de « mourir en cette ville, que de vous savoir bien « portans partout ailleurs (1). »

(1) ORLANDINI, *Vita P. Fabri*, *lib.* 1, *cap.* 17.

CHAPITRE VIII.

VOYAGE DU P. FAVRE EN PORTUGAL ET EN ESPAGNE.

Le père Favre ayant quitté Cologne au commencement de juillet 1544, se rendit d'abord à Louvain, où il visita très à la hâte ses confrères et ses amis. Le pieux Corneille Vichaw voulut jouir de la consolation de l'accompagner jusqu'au port, où il devait s'embarquer pour Lisbonne. La barque qui les conduisait à Vere, se trouva un moment surprise par un calme qui désespérait les matelots; comme ils aperçurent les deux Religieux causant entr'eux très-gaîment, sans avoir l'air de prendre part à leur embarras, ils s'emportèrent et leur adressèrent des reproches très-violens. Le père Favre, sans s'émouvoir, dit aussitôt à son confrère : « Ces « pauvres gens ont raison de se plaindre de nous; « prions donc le Seigneur de les secourir ». A l'instant ils se prosternent et adressent ensemble une fervente prière au Dieu qui commande à son gré aux vents et aux tempêtes. Après quelques instans survient un vent favorable qui enfle la voile, et le bâtiment arrive au port en moins de deux heures.

Le père Favre y trouva un vaisseau tout prêt à faire voile pour le Portugal ; la navigation fut heureuse, et il alla débarquer à Lisbonne le jour de saint Barthelemi, 24 août 1544; de là il se rendit de suite à Evora, où se trouvait la Cour. Le Roi et toute la famille royale lui firent un accueil plein de bonté; charmé de ses entretiens et pénétré d'une profonde estime pour l'humble Religieux, Jean III voulut le retenir auprès de lui, et ne songea plus à l'envoyer en Castille (selon le dessein qu'il en avait eu), pour y accompagner la Princesse sa fille, mariée à l'Infant Don Philippe.

Quoique la simplicité du père Favre et sa prédilection pour les pauvres lui rendissent le séjour de la Cour très-pénible, il n'était cependant déplacé nulle part, et il savait se faire tout à tous, pour travailler partout au salut des ames. D'ailleurs la Cour de Portugal était alors incontestablement la plus édifiante de l'Europe et la plus sincèrement dévouée aux intérêts de la Religion. Les annales de l'Eglise attesteront à jamais le zèle éclairé et généreux du Roi Jean, qui, tout en promenant avec gloire le pavillon portugais sur toutes les mers du monde, mettait sa plus grande sollicitude à répandre partout la lumière et les bienfaits de l'Evangile. Ce Prince vraiment grand et magnanime, protecteur des lettres et des sciences, et le père de son peuple, qui conservera religieusement le souvenir de ce modèle des Rois; enfin, ce Prince d'un génie si élevé et si sage, perça sans peine le voile de modestie dont le père Favre recouvrait ses talens et ses rares qualités, et reconnut dans cette belle ame un mérite éminent, uni à la plus aimable sainteté. Le père Favre, de son côté, pour répondre à la confiance de cet excellent Prince, pour lequel il était pénétré de respect et d'admiration, ne laissait passer aucune occasion favorable, soit pour porter cette ame forte à la pratique des vertus qui embellissent le trône et préparent aux Princes des couronnes immortelles, soit pour lui indiquer les abus à corriger, les institutions à établir, les mesures à prendre, pour fournir des soulagemens à l'infortune et assurer le règne de la vertu.

Déjà saint François Xavier et Simon Rodriguès avaient donné au Roi de Portugal une haute idée de la Compagnie de Jésus; déjà il en était un des plus zélés protecteurs, et en Europe et dans les Indes Orientales; mais dès qu'il connut le père Favre, son estime et sa prédilection pour la Société allèrent toujours en croissant, et il en favorisa de tout son pouvoir l'établissement et les progrès dans toute l'étendue de sa vaste domination. Le mérite et la sainteté du père Favre et des premiers disciples d'Ignace jetèrent dès lors un si grand éclat dans toute la Péninsule, qu'ils assurèrent à la Compagnie la considération générale, le respect des peuples, la bienveillance des Princes, des grands, des Prélats, et surtout une touchante émulation dans la jeunesse à se ranger dans cette nouvelle milice.

Ayant obtenu du Roi la permission d'aller visiter à Coïmbre le collége que sa Compagnie y avait fondé tout nouvellement par la protection et les bienfaits du Prince, le père Favre fut ravi de trouver dans cette florissante communauté soixante jeunes gens, tous remplis d'ardeur pour l'étude et pour leur avancement dans la voie de la sainteté. Ce fut pour le père Favre un spectacle attendrissant, et dont il goûta d'autant plus le charme tout divin, qu'il était plus opposé aux scènes de scandale et de perversion, qui avaient mille fois déchiré son cœur en Allemagne. Comme son ame fut soulagée, au milieu de cette intéressante réunion, qui lui retraçait l'innocence, la charité et la paix des habitans du séjour immortel! Des vertus si pures, des talens précoces et si riches d'espérances, une si touchante émulation pour le bien, une docilité admirable envers les supérieurs, une cordialité, une concorde inaltérable entre tous les membres de cette belle famille: tout lui annonçait une pépinière féconde de savans professeurs, de pieux Missionnaires, et de courageux Apôtres de la Foi catholique. Favre n'aurait pu demeurer oisif dans une communauté si propre à exalter encore le zèle dont il brûlait pour la gloire de Dieu. Il travailla donc sans relâche à perfectionner tant d'heureuses dispositions par des conférences publiques, et par de fréquens entretiens avec les jeunes Novices et avec leurs sages Directeurs. Son expérience lui inspirait toujours les encouragemens les plus convenables au besoin de chacun. Premier collaborateur, premier confident du fondateur de la Société, personne n'en connaissait mieux l'esprit. Il semble même avoir eu un don particulier pour le choix des sujets et la direction des néophites. Rarement il se trompa dans les nombreuses acquisitions, dont il enrichit la Société, surtout dans ses dernières courses apostoliques à travers les florissantes provinces de la Péninsule Espagnole. Il en fit à Coïmbre une bien précieuse, dans la personne de Jean Hunniès, que la Providence appelait à de si importantes destinées.

Hunniès avait déjà un frère dans la Compagnie; souvent il s'était senti porté à la même vocation, mais toujours il en était détourné par son goût exclusif pour l'oraison et la vie contemplative, sachant bien qu'une fois engagé dans la Compagnie, l'obéissance règlerait l'emploi de tous ses momens, et contrarierait sans doute son inclination personnelle par le tracas et les fatigues d'un ministère laborieux. Cependant Hunniès était trop solidement vertueux pour vouloir résister aux desseins de Dieu sur lui; chaque jour il lui adressait même de ferventes supplications pour qu'il lui fît connaître ses volontés. Ses vœux furent accueillis aux pieds du trône de la miséricorde; et il crut avoir reconnu, par des communications d'un ordre supérieur, l'ange de la charité, qui devait être son Ananie, et lui assigner son poste dans la milice du Seigneur. Il n'eut pas plutôt vu le père Favre à Coïmbre, que, transporté de joie et d'un religieux saisissement, il se jeta à ses pieds; et dès que son émotion lui eut permis de parler, il lui découvrit le fond de son ame et se remit tout entier à sa disposition. Le père Favre l'ayant écouté avec sa douceur et sa bonté ordinaires, lui adressa d'abord quelques paroles de consolation; puis il lui dit avec une noble franchise : « Mon frère, si vous voulez

« venir à nous, je vous en avertis d'avance, dé-
« sormais vous ne pourrez plus goûter au sein de
« la retraite la paix et les douceurs dont vous jouis-
« siez auparavant. Dans le genre de vie que jus-
« qu'ici vous jugiez être agréable à Dieu, le ciel
« faisait couler sur vous en abondance la rosée des
« consolations ; mais aujourd'hui il vous invite à
« une voie plus parfaite : c'est à vous immoler vous-
« même sous les saintes lois de l'obéissance et de la
« pauvreté ; c'est à consacrer vos travaux, non plus à
« quelques ames choisies, mais au salut du monde
« entier. A la place du paisible repos auquel vous
« êtes accoutumé, l'obéissance va vous dévouer
« aux fatigues, aux contradictions, aux périls de
« tout genre. Et quand vous croirez vous délasser
« par la prière, souvent encore vous n'entendrez
« que les plaintes d'une conscience alarmée, qui
« vous reprochera de n'avoir point assez bravé les
« épreuves, ou d'avoir trop préféré vos commodi-
« tés personnelles à la croix du Sauveur des hom-
« mes (1). »

Loin d'être ébranlé par ce discours, Hunniès embrasse le père Favre, en lui disant : « Mon père, « faites de moi ce qu'il vous plaira, je suis dispo- « sé à tout pour obéir à la volonté du Seigneur. » Favre l'encourage à poursuivre son généreux dessein, et lui prescrit les moyens et les pratiques les plus propres à attirer sur lui la lumière céleste, afin de s'assurer encore davantage si sa résolution serait agréable à Dieu. Après avoir suivi de point

(1) ORLANDINI, *Vita P. Fabri*, *lib.* 1, *cap.* 18.

en point les avis de son charitable guide, Hunniès revint le supplier de l'admettre au noviciat de la Compagnie. Il en fit les premiers exercices avec tant de ferveur et d'abnégation de lui-même, que le père Favre avouait qu'il n'avait jamais vu tant de docilité. Ainsi s'annonça dès son début ce grand serviteur de Dieu, qui dans la suite fut appelé, à la place du père Favre, à la périlleuse dignité de Patriarche d'Œthiopie, sans qu'il lui fut donné d'opérer la conversion du peuple qu'on lui confiait. C'est pour cela qu'il fut contraint à aller exercer son zèle dans les Indes Orientales, où il termina saintement sa pénible carrière.

Durant le séjour du père Favre à Coïmbre, plus de trente sujets très-intéressans voulurent lui dévoiler les secrets de leur conscience, les peines et les incertitudes qui les fatiguaient au sujet de leur vocation. Le père Favre les éclaira de ses conseils, fortifia leur courage, dissipa les alarmes des plus timides, et les fixa irrévocablement dans la Société, dont ils furent la consolation et l'ornement. Ils étaient pour la plupart aussi distingués par leur éducation et leur mérite, que par leur zèle pour la perfection religieuse. Quelques - uns appartenaient aux premières familles du pays, entr'autres Louis Consalve, fils du comte de la Chambre. Tous accordaient au père Favre un respect et une confiance illimités.

Cependant des devoirs rigoureux vinrent l'arracher à la tendresse de ses enfans chéris ; au commencement de février 1546, il fut rappelé de nouveau auprès du Roi de Portugal, en sa résidence d'Evora. Placé comme hors de son élément dans le tumulte et l'agitation des cours, il s'était formé dans son intérieur une profonde solitude, où il retrouvait Dieu et goûtait les douceurs de la prière dans toutes les situations de la vie. Etranger aux intérêts et aux plaisirs du monde, il ne se plaisait avec les hommes qu'autant qu'il pouvait contribuer à les rendre meilleurs.

Se trouvant un jour, au sortir du palais d'Evora, au milieu d'une foule brillante de cavaliers, de courtisans, de citoyens de toutes les classes, accourus pour célébrer l'arrivée d'un grand Prince, il s'échappa à travers la multitude, pour aller se mettre en oraison dans une chapelle voisine. Après quelques instans de prière, l'agitation du dehors lui communique d'abord un mouvement très-vif de curiosité. Comme il se disposait à sortir pour jouir du spectacle, l'image du Sauveur crucifié frappe ses regards et attendrit son cœur. Aussitôt il condamne cet instinct de curiosité profane, en disant avec émotion : « O mon Sauveur! les hom-
« mes se repaissent avec avidité du vain spectacle
« de la grandeur ; ils se pressent autour des pa-
« lais des Princes pour y contempler le faible
« éclat d'une Royauté de quelques jours! Et vous,
« qui êtes le Roi des Rois, l'arbitre souverain des
« Empires et des Royaumes, vous daignez habiter
« parmi les enfans des hommes, et cependant ils
« vous méconnaissent et vous abandonnent pour
« courir après la vanité! O soleil de justice, éclai-
« rez ces pauvres aveugles! Je vous rends graces,
« ô mon Dieu, de m'avoir révélé le mystère de la

« Croix! Que sont pour moi tous les spectacles de « la terre! (1) »

C'est ainsi que ce fervent Missionnaire se disposait à prêcher Jésus-Christ et sa loi sainte aux Princes et aux grands de la terre, avec la même liberté qu'aux pauvres et aux ignorans. Aussi était-il difficile d'être insensible à l'onction de ses entretiens. Le Roi et la Reine de Portugal en firent plus d'une fois l'expérience, de même que plusieurs personnes attachées à la Cour. Jean III, digne appréciateur des hommes de ce mérite, affectionnait tellement le père Favre, qu'il eut de la peine à consentir à son départ, lorsque saint Ignace le chargea d'aller traiter de sa part, à la Cour de Castille, des affaires très-importantes. Avant de quitter ce vertueux Monarque, dont il avait reçu tant de marques de bonté, le père Favre voulut lui témoigner sa reconnaissance, en offrant au Roi et à la Reine deux insignes reliques, c'est-à-dire deux des *sept têtes des Vierges et Martyres*, qu'on lui avait remises à Cologne (2). Lorsqu'il fut, avec son confrère Antoine Araoz, prendre congé du Roi, ce bon Prince lui offrit des lettres de recommandation pour la Cour d'Espagne, et l'engagea avec une insigne bonté à s'adresser directement à lui,

(1) Orlandini, *Vita P. Fab i, lib.* 1, *cap.* 18, *sub finem.*

(2) Le Roi et la Reine extrêmement charmés de ce présent, tout-à-fait analogue à leur piété, firent mettre ces deux têtes dans deux riches châsses, et les placèrent avec honneur dans leur chapelle particulière.

Une autre de ces saintes Reliques fut déposée dans l'église du collège de Coïmbre; deux furent offertes à l'Infant Don Philippe et à la Princesse son épouse; partout elles furent en singulière vénération, et on les conserva comme un précieux souvenir du saint Missionnaire.

pour tout ce qui pourrait intéresser sa Compagnie. Le père Favre quitta Evora au commencement du mois de mars 1546, appelant les plus abondantes bénédictions sur cet excellent Monarque et sur les peuples qu'il gouvernait avec tant d'autorité et de sagesse.

Selon les ordres du Supérieur général, Favre et son confrère devaient se rendre au plus tôt à Valladolid, où se trouvait alors la Cour d'Espagne. Chemin faisant ils visitèrent la célèbre Université de Salamanque. Araoz y prêcha avec beaucoup de succès au milieu d'un grand concours, attiré par la réputation de l'orateur. Nos deux voyageurs furent accueillis avec beaucoup d'empressement par plusieurs des membres les plus distingués de cette florissante Académie, et notamment par les célèbres docteurs Alphonse de Castro et François Vitoria, qui avaient déjà connu le père Favre à l'Université de Paris. L'un et l'autre contribuèrent puissamment à mettre les disciples d'Ignace en réputation à Salamanque, et à faciliter l'établissement de leur premier collége en cette ville.

Favre et Araoz n'arrivèrent à Valladolid qu'au 1er août 1546, et allèrent, selon leur coutume, se loger dans un hospice de charité. Ils ne tardèrent pas à se présenter à la Cour du Prince Don Philippe, qui les reçut avec de grands égards. Philippe, fils de Charles V, et son successeur immédiat au trône d'Espagne, Prince d'un grand caractère, qui devait porter la couronne avec tant d'éclat et soutenir dignement la splendeur du premier trône de l'univers, se faisait gloire d'honorer et de défendre la Religion avec tout le zèle d'un chrétien dévoué et d'un politique plein de fermeté et de sagesse. Voilà sans doute la cause principale des calomnies, des tableaux injustes et passionnés qu'en ont faits les écrivains protestans, philosophes, et leurs copistes ignorans ou aveuglés par la prévention. Ce Prince d'un discernement si sûr, et dont les vues étaient si élevées et si justes, apprécia de bonne heure le caractère de la Compagnie naissante, et les admirables ressources qu'elle recélait dans sa constitution, soit pour la propagation des lumières et l'avancement des lettres, soit aussi pour réveiller et soutenir l'empire de la Foi dans le cœur de ses sujets. Il se montra donc un des premiers soutiens et des plus fermes appuis de la Société de Jésus. On peut assurer que le père Favre ne contribua pas peu à la lui faire connaître favorablement. Dans plusieurs entretiens qu'il eut avec ce Prince et avec Marie de Portugal, son épouse, il eut occasion de leur dévoiler le fond de son ame et de leur donner une idée juste du but, des constitutions de sa Compagnie, et des moyens qu'elle mettait en œuvre pour atteindre sa noble destinée. La faveur du Prince, comme il arrive toujours, ne manqua pas de concilier aux collaborateurs d'Ignace la bienveillance des grands du Royaume, qui se montrèrent très-empressés à connaître personnellement le père Favre et son collègue.

Quelle étonnante destinée que celle du père Favre! Né dans une chaumière des Alpes, cet humble et pauvre Prêtre, sans autre recommandation que celle de son savoir et de ses vertus, sans autre ambition que le désir de faire le bien, se trouve en peu d'années en relation avec les premiers Potentats de l'Europe, avec les savans du premier mérite, avec les prélats et les personnages de la plus haute distinction, qui réclament ses lumières et lui confient leurs intérêts les plus sacrés! C'est ainsi qu'à la Cour d'Espagne, il eut des rapports très-intimes avec le Cardinal Archevêque de Tolède, avec le Légat Poggi, dont il avait fait la connaissance en Allemagne, avec le Marquis de Tavéra, avec Don Alvarès de Cordoue, premier écuyer du Prince, avec Don Juan de Zuninga en possession de toute la confiance du Prince Philippe, avec Ferdinand Sylva, comte de Cifontana, grand de la Cour, et particulièrement attaché au service des Infantes filles de Charles-Quint. Ces illustres personnages et bien d'autres ne craignaient pas de s'abaisser en se rendant à l'hospice où résidait le père Favre, pour lui découvrir les secrets de leurs consciences et y recevoir ses touchantes exhortations. Le saint Religieux se servit de la confiance qu'on lui témoignait, non pour des intérêts personnels, il n'en avait pas, mais pour travailler au salut de tous, et pour dissiper les préventions suscitées contre son ordre, dès sa première apparition en Castille; préventions d'autant plus imposantes, que Charles V lui-même ne sut pas toujours s'en défendre. L'esprit conciliant et la sainte vie du père Favre désarmèrent les plus opposés à sa Compagnie, dont les intérêts prirent un cours si favorable dans toute la Péninsule. Loin de rien s'attribuer à lui-même d'un si heureux succès, il avait coutume de dire et d'écrire à ses amis que la Providence en agissait ainsi, pour dédommager le père Ignace des outrages et des vexations qu'il avait autrefois subis dans ces Royaumes avec tant de constance et d'abnégation.

Au reste, Favre et Araoz ne bornaient point leur zèle au salut des grands et à la prospérité de leur institut. Tout le temps qu'ils pouvaient dérober au ministère de la parole et de la direction des ames, ils l'employaient à la visite des prisonniers ou des infirmes dans les hôpitaux et dans les maisons particulières, n'hésitant jamais à leur rendre les services les plus abjects, en leur prodiguant les plus touchantes consolations. On les trouvait aussi bien souvent à catéchiser les enfans et le petit peuple dans les églises et même dans les rues de la ville. A quelque heure du jour ou de la nuit qu'on les appelât auprès des malades, toujours ils étaient prêts à voler au secours de leurs frères. Ils n'avaient que des paroles de paix et des larmes compatissantes même pour les plus dégradés par l'habitude du vice. Cet humble et patient exercice du ministère fit une heureuse impression sur le peuple, qui commença à les révérer et à renoncer à certaines qualifications méprisantes, dont on désignait auparavant les prêtres de la nouvelle Société. Quelquefois pourtant cette conduite leur attira des rebuts et des humiliations, mais ils en bénissaient Dieu comme d'une insigne faveur.

Ce fut à Valladolid que Jacques Mendès, prêtre d'un rare mérite, vint, avec quatre autres sujets, se présenter au père Favre pour être admis dans la

Compagnie de Jésus. Bientôt ces fervens candidats se trouvèrent au nombre de neuf, tous pleins de courage et d'empressement à se consacrer à Dieu dans la nouvelle Congrégation, dont la renommée commençait à fixer tous les regards. Comblé de joie en voyant arriver dans la vigne du Seigneur ce surcroît de bons ouvriers, le père Favre se hâta de profiter des bontés du Prince et des plus vertueux personnages de la Cour, pour fonder à Valladolid une maison de son Ordre. Philippe venait de perdre sa vertueuse épouse, Marie de Portugal, morte en lui donnant un fils. En conséquence, il songeait à quitter un séjour qui ne lui rappelait que des images tristes et affligeantes, pour revenir à Madrid. Lorsque la pieuse Eléonore Mascaregnias, nommée gouvernante de l'Infant Don Carlos, après l'avoir été de Philippe, fut sur le point de partir avec l'auguste orphelin, elle fit prier le père Favre de venir donner sa bénédiction au petit Prince. Favre appela avec effusion de cœur toutes les faveurs du ciel sur ce royal enfant. Hélas! il ne prévoyait pas sans doute la destinée déplorable de ce Prince infortuné! Cette visite offrit au père Favre une heureuse occasion pour intéresser encore davantage la vertueuse gouvernante à la fondation du collége de Valladolid. Eléonore y contribua puissamment et par ses largesses et par le crédit dont elle jouissait à la Cour. Depuis lors elle ne cessa d'accorder à la Société des Jésuites la plus généreuse protection; en sorte que saint Ignace la nommait avec raison *la Mère de sa Congrégation en Espagne.*

Après avoir sagement réglé tout ce qui concernait le nouvel établissement de Valladolid, le père Favre se rendit à Madrid avec quelques-uns de ses confrères, destinés à fonder en cette ville une autre maison, que le généreux Don Philippe leur avait fait préparer. C'était pour la seconde fois que le père Favre se retrouvait à Madrid; il y était précédé par une grande réputation; il y retrouva donc les mêmes occupations qu'à Valladolid, surtout pour la direction des consciences. Car tout ce qu'il y avait de plus vertueux à la Cour, réclamait le ministère de ce guide éclairé et compatissant. Le père Araoz écrivait à ce sujet des choses admirables au Supérieur général de la Congrégation. Il se désolait de son départ, qui l'avait rempli de tristesse. « Cette belle ame, ajoutait-il, est toute « remplie des miséricordes de celui qui s'appelle « *le Dieu des miséricordes et des consolations*. Et « comme ce bon père était le directeur d'une nom- « breuse noblesse, que de larmes son éloignement « fait répandre! (1) »

(1) Orlandini, *Vita P. Fabri*, *lib.* 1, *cap.* 22.

CHAPITRE IX.

LE PÈRE FAVRE EST RAPPELÉ A ROME POUR SE RENDRE AU CONCILE DE TRENTE.

Le père Favre venait de terminer heureusement toutes les affaires pour lesquelles son supérieur l'avait envoyé en Portugal et en Castille ; l'année qu'il devait passer dans ces Royaumes allait être écoulée. Il écrivit donc à saint Ignace pour le prier de disposer de lui, étant prêt à entreprendre tout ce qu'il jugerait convenable, et à subir de nouvelles fatigues, malgré le dépérissement de sa santé.

Sur ces entrefaites, Jean III, Roi de Portugal, le réclama auprès du père Loyola, pour l'établir Patriarche d'Abyssinie. La nation des Abyssins, convertie à la Foi et soumise au Patriarche d'Alexandrie dès le temps de saint Athanase, avait eu le malheur d'être entraînée dans le schisme de Dioscore et de ses successeurs Cophtes ou Euthichiens, de qui ils reçoivent de temps immémorial leur Abuma ou leur Grand-Prêtre. Le commerce des Portugais avec cette nation l'avait tout récemment remise en rapport avec l'Eglise romaine. L'Empereur ou Roi David, Prince naturellement sage et vertueux, avait même envoyé une ambassade au Pape Clément VII, pour reconnaître son autorité et rentrer en communion avec l'Eglise catholique. Claude, son fils et successeur, élevé dans la Foi catholique, crut devoir s'adresser au Roi de Portugal, pour obtenir du Saint-Siége, par sa médiation, un Patriarche et des Evêques, capables d'instruire son peuple et de consolider l'œuvre de la réunion. Ce fut pour remplir cette mission importante et difficile que le Roi Jean III jeta ses vues sur le père Favre, qui possédait toute sa confiance.

S'il n'eût dépendu que de lui, il est probable que saint Ignace eût consenti à ce choix, afin de ne pas désobliger un Monarque, auquel la Société avait tant d'obligations. Mais d'un autre côté, le Pape Paul III avait nommé le père Favre un de ses théologiens au concile général, et pressait saint Ignace de le faire venir sans délai à Rome, pour y prendre ses ordres et se rendre de suite à Trente avec les pères Laynès et Salméron. Dans cette embarrassante alternative, Ignace écrivit au Roi de Portugal pour le supplier de porter son choix sur autre sujet, attendu qu'il désespérait de pouvoir changer la résolution du saint Père, qui avait disposé du père Favre pour le concile de Trente.

Pendant que les Rois et les Pontifes se disputaient cet humble Religieux, le ciel avait sur lui des vues bien plus heureuses, quoique moins éclatantes aux yeux des hommes. C'était un trône dans le séjour de la gloire que le Seigneur lui préparait au lieu du siége patriarchal des Abyssins. Ce triste honneur était réservé à son disciple Hunniès, pour qui cette orageuse dignité ne fut qu'une source abondante de tribulations et d'éclatantes disgraces. Le moment de la miséricorde n'était pas encore arrivé pour cette grande nation ! Hélas ! quand est-ce que le soleil de vérité se lèvera pour ces peuples de l'Orient, assis dans les ombres de la barbarie et de la mort? Quand est-ce que la bouche des Prophètes soufflera sur ces ossemens desséchés pour leur rendre la chaleur et la vie, et pour réunir tous ces lambeaux de l'ancien peuple chrétien au centre de l'unité catholique?

Le Roi de Portugal, cédant aux prières de saint Ignace, se désista de la nomination qu'il avait faite du père Favre pour le Patriarchat d'Œthiopie. En conséquence, le père Favre quitta Madrid le 22 avril 1546, pour venir s'embarquer à Barcelonne. Mais auparavant il dut s'arrêter à Gandie, pour une importante commission dont le Général de l'Ordre l'avait chargé.

François Borgia, Duc de Gandie, qui fut depuis troisième Général de la Compagnie, voué dès lors à la pénitence et à toutes les pratiques de la vie parfaite, s'était adressé au père Loyola pour la fondation d'un collége de la Société dans sa ville de Gandie. Le Général donna ordre au père Favre de se rendre en diligence auprès du Duc de Gandie, pour procéder à l'établissement de ce collége avant de venir en Italie. Le Duc eut un plaisir extrême à recevoir le saint Religieux, dont il avait beaucoup entendu parler. Ces deux ames généreuses et désintéressées n'eurent pas de peine à s'entendre sur tout ce qui concernait l'érection du nouveau collége et la forme à lui donner. C'est le premier, du moins en Europe, où les Jésuites aient été chargés d'enseigner publiquement les lettres et les sciences. A la prière du Duc, le père Favre bénit la première pierre de l'édifice; la cérémonie s'en fit avec une pompe et une solennité qui combla de joie le Duc et ses heureux sujets. Cette maison, gouvernée d'abord par le célèbre André Oviédo, devint en assez peu de temps un des plus florissans colléges de toute la Péninsule. On y appela des maîtres habiles de toutes les contrées de l'Europe, et le succès des études répondit parfaitement aux vues sages et élevées de saint François Borgia. Le nom révéré du père Favre fut toujours réuni à celui du saint fondateur dans la reconnaissance et les religieux souvenirs de ce grand et beau collége.

Lorsque le père Favre se fut rendu de Gandie à Barcelonne pour s'y embarquer, une assez grave indisposition l'arrêta en cette ville. Depuis longtemps ces migrations continuelles d'un climat à un autre, l'excès de ses travaux et l'austérité de sa vie avaient affaibli et ruiné son tempérament, quoiqu'il fût encore à la force de l'âge. Déjà il avait fait des maladies très-graves à Parme, à Louvain, à Evora et en d'autres lieux. Le ciel voulait enrichir sa couronne, en joignant à l'exercice d'un zèle infatigable des souffrances presque habituelles. Il avait puisé dans la fréquente méditation des douleurs du Fils de Dieu une force extraordinaire pour supporter ses propres douleurs, non-seulement sans se plaindre, mais avec une égalité d'esprit, avec une joie douce et sans ostentation, qui édifiait et lui donnait une facilité singulière à inspirer aux autres le même esprit de pénitence et de résignation.

Saint Ignace connaissant la faiblesse de complexion du père Favre, craignait de l'exposer encore convalescent, soit aux fatigues de la mer, soit à l'air malsain de Rome pendant les grandes chaleurs de l'été. Il inclinait donc à lui écrire d'attendre à Barcelonne une saison plus favorable; mais il voulut consulter là dessus les pères de la Compagnie, qui se trouvaient auprès de lui. Ils furent tous d'avis, par l'empressement qu'ils avaient de le revoir, qu'on le fît arriver au plus tôt. Le père Favre exécuta sans répugnance et sans aucune inquiétude l'ordre de son Général, estimant mille fois moins sa propre vie que l'exercice de l'obéissance. Il avait d'ailleurs un désir extrême de se retrouver à Rome auprès d'Ignace et de ses premiers compagnons, qu'il n'avait pu revoir depuis sept à huit ans. Il arriva donc à Rome le 17 juillet 1546, c'est-à-dire précisément à l'époque où les fièvres épidémiques ont coutume d'y exercer les plus grands ravages. Son retour fut le signal d'une joie extraordinaire pour saint Ignace et toute sa communauté; cette belle famille ne se possédait pas de bonheur, sans prévoir que cette sainte allégresse allait bientôt se changer en deuil! Qui pourrait exprimer les consolations qu'éprouva le P. Favre pendant les premiers jours qui suivirent son arrivée! On a pu voir combien il était bon et sensible, combien il s'affectionnait aux lieux et aux personnes qui furent l'objet de son ministère en divers pays. Mais rien n'égalait la vivacité de ses sentimens pour le père Ignace et ses premiers confrères, dont il fut toujours si tendrement chéri. On peut donc se faire une idée de la délicieuse effusion de son cœur, lorsque, après tant de courses et de fatigues, il se retrouva enfin entre les bras de Loyola, son ami, son père, celui dont Dieu s'était servi pour fixer sa destinée sur la mer orageuse de ce monde, et lui aplanir les routes de la sainteté. Quelle joie pure il goûtait à jouir de ses entretiens, à lui rendre compte de ses travaux et des bénédictions dont le Seigneur l'avait favorisé! Mais ce n'était là qu'un avant-goût des jouissances ineffables qui l'attendaient aux pieds du maître adorable, dont il avait si dignement défendu les intérêts et la gloire durant son pénible apostolat.

Tandis qu'on se disposait à prendre les ordres du Pontife pour l'auguste assemblée convoquée à Trente, une fièvre violente saisit le père Favre, huit jours après son arrivée. Cet incident consterna d'abord toute la communauté; pour lui, humble et docile aux ordres du Seigneur, il sentit redoubler son amour et sa confiance en Dieu, dès qu'il comprit qu'il se trouvait au terme de sa laborieuse carrière. Il ne songea donc plus qu'à faire ses préparatifs de départ pour le grand voyage. Ce n'est pas qu'il fût las de travailler et de souffrir pour le salut de ses frères; ce n'est pas même qu'il ne lui en coûtât beaucoup de causer tant d'afflictions à son Général et à ses chers confrères ; mais il avait travaillé depuis long-temps à dégager son ame de toutes les affections terrestres, pour ne trouver son bonheur que dans l'accomplissement de la volonté de Dieu. Il ne tenait donc point à la vie. Indépendamment du désir ardent qu'il avait d'aller jouir de Dieu dans les tabernacles éternels, quels motifs auraient pu rattacher cette ame pure et trop sensible à un monde surchargé de tant de crimes et de malheurs ? Hélas ! il avait vu de trop près les plaies qui dévorent la triste race d'un père coupable ! Mille fois il s'était trouvé au milieu des horreurs qui désolaient la société à cette époque, une des plus affligeantes de l'histoire du genre humain ! Mille fois cet homme apostolique, jetant un regard attentif sur la scène du monde, avait senti son cœur glacé d'épouvante et d'effroi vis-à-vis du sombre tableau que lui présentait l'Europe !

Il est vrai qu'avant de mourir le ciel lui avait ménagé quelques consolations relativement aux objets de ses affections les plus ardentes. La Compagnie de Jésus obtenait dès son aurore des succès inattendus. Xavier marchait en conquérant à travers les contrées orientales, et plantait l'étendard de la Foi jusque sur les rives du Japon. D'autres Apôtres de la même famille réussissaient à former des néophites édifians sur les côtes barbares de l'Afrique et dans les déserts du nouveau monde. De toute part on demandait les disciples d'Ignace ; déjà ils comptaient de florissantes communautés dans tous les climats. Le zèle de la propagation de la Foi et du rétablissement des mœurs et de la discipline marchait de pair avec la renaissance des bonnes études et le goût des beaux modèles de l'antiquité. Cependant il y avait quelque chose de tumultueux et de convulsif dans ce renouvellement de la civilisation chrétienne. Un élan brusque et violent agitait les esprits et les poussait à des écarts déplorables. Hélas ! les nouveaux réformateurs n'avaient que trop bien réussi à s'emparer de ce moment de crise, qui ébranlait la société jusque dans ses fondemens. On dirait que le monde moral doit subir par intervalle ces transformations, ces horribles secousses, qui semblent pour quelque temps ramener l'ancien chaos. C'est comme un autre déluge qui prépare la restauration d'un nouveau monde sur les ruines de l'ancien ; ou bien c'est le van de la colère, qui purge l'aire du Seigneur en séparant le bon grain du mauvais. Dans la confusion et les désastres de la tempête, malheur aux cœurs faibles ! malheur aux hommes de peu de foi ! ils perdent haleine et se laissent emporter par le tourbillon, tandis que les enfans de la lumière reportent leurs regards vers les collines éternelles, et lèvent des mains suppliantes vers le ciel, d'où leur doit venir le secours ! Alors ils entendent une voix solennelle, qui leur annonce une parole de paix et de salut : *Attendez le Seigneur ; luttez avec courage ; que votre cœur se ranime, et laissez faire au Seigneur !* (1)

(1) *Expecta Dominum, viriliter age et confortetur cor tuum, et sustine Dominum.* Ps. 26, 14.

C'est ainsi qu'au milieu de la tourmente révolutionnaire, qui dévastait de son temps l'empire de Jésus-Christ et celui des Césars, le père Favre, rassuré par les promesses du Rédempteur, ne douta jamais des destinées de la sainte Eglise. Il savait que la barque de Pierre doit être incessamment battue par la tempête de toutes les passions en fureur, mais qu'elle ne peut être brisée qu'avec le monde, alors que la fille de Sion, essuyant ses larmes et ses sueurs, entonnera le cantique de la victoire, et prendra son vol vers les cieux! Pourtant, malgré sa confiance inaltérable, combien son cœur n'eut-il pas à souffrir, et que de pleurs n'eut-il pas à répandre sur la perte d'une foule innombrable de chrétiens entraînés dans le gouffre des hérésies naissantes! De quelque côté qu'il dirigeât ses regards, il ne rencontrait que des sujets de désolation. Une immense douleur s'emparait de son ame, en voyant apostasier la moitié de l'Empire, et les Royaumes du Nord, et les Iles Britanniques, et les cantons de l'Helvétie, et même la plus belle partie de son pays natal. Car dès lors le magnifique bassin du lac Léman était dévoré par le génie de l'erreur et de la révolte contre son Souverain légitime. Un essaim de prédicans factieux et fanatiques ne cessait de parcourir l'Europe pour la pervertir. En outre, le venin se glissait furtivement par le moyen d'une foule de mauvais livres, malgré les mesures plus ou moins sévères des gouvernemens, pour en arrêter la circulation. La jeunesse des Universités s'abreuvait largement aux sources empoisonnées des doctrines qui mettaient en liberté ses penchans les plus impérieux. Le Clergé de cette époque, généralement trop peu instruit, ne se trouvait guère en mesure de repousser tant de furieuses attaques, ni de faire respecter l'ancienne croyance par l'ascendant du savoir et de la sainteté. Ajoutez encore les troubles et les dévastations des guerres civiles et nationales, qui, précipitant les armées et les peuples les uns sur les autres, mettaient tout en combustion. C'était comme un vaste incendie, qui s'étendait de proche en proche, sans qu'on pût encore prévoir où s'arrêteraient ses désastres. Le Concile de Trente lui-même, cet auguste Sénat de la catholicité, qui devait donner une nouvelle face à l'Eglise, n'était encore qu'une espérance, dont mille obstacles contrariaient l'accomplissement. Faut-il donc s'étonner si le trop sensible père Favre ne pouvait plus contenir ses gémissemens et ses soupirs, au milieu des désastres qui désolaient l'Eglise de Dieu et préparaient la ruine des générations à venir? « Seigneur, « s'écriait-il dans l'amertume de sa douleur, « Seigneur, les ennemis sont entrés dans votre « héritage; ils ont souillé votre saint temple; Jé« rusalem n'est plus qu'un monceau de ruines!... « Le sang des enfans de Sion ruisselle comme « l'eau autour de ses remparts dévastés; leur cen« dre demeure sans sépulture. Nous sommes cou« verts d'opprobres aux yeux de nos voisins; ils « nous accablent de leur mépris et de leur déri« sion!

« Votre colère, Seigneur, est-elle implacable?

« Jusques à quand lancerez-vous sur nous les feux
« dévorans de votre fureur ?

« Soyez à notre aide, ô le Dieu de notre salut; déli-
« vrez-nous pour la gloire de votre saint nom! (1) »

Les malheurs de l'Eglise lui étaient devenus tellement personnels, qu'on peut bien assurer que jamais fils ne sentit plus vivement les douleurs d'une mère! Jamais les Prophètes ne versèrent plus de larmes sur les infortunes de la nation sainte et les ruines de Sion. Avec cette manière de sentir, il ne pouvait avoir de regret à quitter une vie abreuvée de tant d'amertumes. Ne sachant plus, comme la colombe, où poser son pied, il lui tardait de prendre son vol vers les cieux. *Seigneur, mon Dieu, je vous cherche dès l'aurore; mon ame a soif de vous; ma chair se consume pour vous dans cette terre inculte, déserte, aride, jusqu'à ce que je puisse contempler dans le Sanctuaire votre puissance et votre gloire....* (Ps. 62). *Qu'y-a-t-il pour moi dans le ciel, et que puis-je désirer sur la terre, si ce n'est vous?....* (Ps. 72). *J'ai mis ma confiance en vos bontés, je ne serai point confondu....* (Ps. 30). *J'irai chanter vos miséricordes dans le séjour éternel!* (Ps. 88). Ainsi meurt le juste; ainsi mourut Pierre Favre, entre les mains de son saint ami Ignace de Loyola. Après huit jours d'une fièvre brûlante, il expira paisiblement, plein de confiance et d'amour, aidé et consolé par les prières de ses frères, muni de l'adorable Viatique des mourans, et de tous les secours de cette Religion sainte à laquelle il avait sacrifié sa vie.

(1) Ps. 78.

Cette perte inattendue répandit le deuil et l'affliction dans toute la communauté. La douleur de saint Ignace surtout fut extrême. Outre qu'il perdait un ami tendrement affectionné, la mort venait de lui ravir, à l'âge de 40 ans seulement (1), le premier prêtre, le premier théologien, la première colonne de la Société, dans un moment d'organisation, où elle avait encore tant besoin de sujets d'une expérience et d'une sainteté si éprouvées. Ignace ne pouvait se consoler de cette douloureuse séparation que par la pensée du bonheur dont jouissait cette ame embellie de tant de mérites et de perfections (2).

(1) Le 1er août 1546, jour de la fête de saint Pierre-ès-liens.

(2) *Cecidit præcipuum Societatis columen, et cunctos socios mœror ingens invasit. Ipse vero beatus P. Ignatius quo putas animo sodalis occasum tulit? Si mortui bonum spectes, non nisi æquo, quem in mediis laboribus in illam requiem excessisse sine dubitatione credebat: sin autem suum et Societatis commodum, non nisi ægrò: quoniam carebat quem in cunctis sociis principem Christo genuerat; desiderabat singulare virtutis exemplum, requirebat hominem ad res gerendas navum, divinæque gloriæ percupidum, sitientissimum alienæ salutis, in ipsa ætatis rerumque gerendarum maturitate sublatum.* (ORLANDINI, Vita P. Fabri, lib. 1, cap. ult.)

CHAPITRE X.

RESPECTS RENDUS A LA MÉMOIRE DU P. FAVRE APRÈS SA MORT.

Le père Favre reçut les honneurs de la sépulture dans la maison professe des RR. PP. Jésuites, avec tout l'appareil et les témoignages de respect que réclame la cendre des Saints. Aussitôt que la nouvelle de sa mort se répandit dans les pays étrangers, plusieurs membres de la Société écrivirent au père Ignace des lettres de consolation, où chacun célébrait à l'envi les vertus et les grandes qualités du pieux défunt.

Ceux qui avaient eu avec lui les rapports les plus intimes, révélaient tout ce qu'ils avaient pu apercevoir de la vie austère et de cet esprit de pénitence, dont il ne s'affranchissait jamais, malgré les infirmités presque continuelles qui affligèrent les dernières années de sa vie. Ils célébraient avec admiration cette pureté angélique et cette parfaite innocence, où il était parvenu à force de prier, de veiller, de combattre, et de se faire rendre compte à lui-même presque à toute heure de l'emploi de son temps et de sa fidélité aux graces dont Dieu le favorisait.

D'autres racontaient les traits les plus propres à faire ressortir cette humilité profonde, cette modestie et cette incomparable abnégation qui lui faisait oublier et les ressources de son génie, et les connaissances dont il l'avait orné, et les succès qu'il avait obtenus dans la chaire chrétienne ou dans les assemblées des Princes et des Rois.

D'autres louaient cette rare prudence, qui lui donnait un ascendant victorieux, et lui aplanissait tous les obstacles dans les négociations les plus difficiles et les plus importantes au bien de la Religion.

D'autres rendaient hommage à ce zèle pur, désintéressé, et cependant plein de chaleur, dont sa vie fut un exercice continuel; zèle puissant en paroles et en œuvres; zèle tout-à-fait apostolique, qui avait gagné tant d'ames à Dieu, et ramené tant de brebis égarées au bercail de Jésus-Christ.

D'autres redisaient au père Ignace, avec le sentiment d'une vive reconnaissance, comment le père Favre s'était emparé de leur cœur; comment il les avait éclairés et affermis dans leurs irrésolutions; avec quelle tendre commisération il leur avait aplani les difficultés qu'ils rencontraient dans leur vocation; avec quelle sage discrétion, après leur avoir administré le lait de l'enfance, il leur avait fait goûter peu à peu le pain des forts. Ils assuraient avec attendrissement qu'il avait été pour eux l'Ange de la miséricorde, à qui ils étaient redevables du bonheur d'être affranchis de toutes les chimères de la vie, pour se consacrer tout à Dieu.

Tous admiraient dans le père Favre un parfait modèle d'obéissance religieuse ; vertu qu'il porta jusqu'à l'héroïsme, jusqu'à lui sacrifier son repos, sa santé et sa vie; vertu si chère à son cœur, qu'il ne connaissait rien de plus excellent, rien de plus doux que d'obéir à son Supérieur, qu'il appelait *le père de son ame.* La pratique de l'obéissance lui tenait tellement au cœur, que c'était là la leçon la plus ordinaire qu'il inculquait aux novices, en des termes si pleins de chaleur et de conviction, qu'il inspirait à tous l'estime et l'amour qu'il ressentait lui-même pour cette reine des vertus.

Ses plus anciens collègues, dont il avait reçu lui-même les premiers engagemens à Montmartre, et qui lui accordaient tous tant d'estime et de confiance (1), ne pouvaient se consoler d'avoir perdu si tôt ce Prêtre si accompli, d'un commerce si engageant, d'une habileté si rare dans les affaires, et d'un courage inébranlable pour arriver au but de leur chère institution.

Rien de plus touchant que ce qu'en écrivait le célèbre Oviédo, pour lors Recteur du collége de Gandie, et dans la suite Patriarche d'Œthiopie. Après avoir retracé les rares exemples de vertu et les leçons que le père Favre leur avait données, à l'époque de la fondation du collége de Gandie, Oviédo marquait à saint Ignace que dans ce collége, au lieu de prier pour cette ame prédestinée, lui et tous ses confrères célébraient comme une

(1) On a vu que, lors de l'élection du premier Supérieur général, tous lui donnaient le premier rang après saint Ignace.

fête sa glorieuse entrée dans le séjour des élus, et l'invoquaient avec confiance comme un puissant protecteur auprès de Dieu. Chaque année le père Oviédo priait saint Ignace de faire brûler en son nom un cierge, sur la tombe du père Favre, au jour anniversaire de sa sainte mort, afin qu'il lui obtînt du Père des lumières quelque étincelle de cette sagesse dont il l'avait favorisé pendant qu'il était sur la terre.

Saint François Xavier écrivait aussi du fond des Indes, que souvent, dans les périls de la mer, il invoquait *notre bienheureux Pierre Favre avec les Anges et les Saints protecteurs de la Société.*

Il est donc bien remarquable que notre saint Prêtre ait été en quelque sorte canonisé par plusieurs autres Saints, immédiatement après son glorieux trépas. On se mit dès lors à recueillir quelques faits merveilleux de sa vie, qui, quoiqu'ils n'aient pas reçu le caractère d'authenticité qu'un jugement du Saint-Siége peut seul leur donner, me paraissent cependant dignes de respect et propres à encourager la piété des ames droites et étrangères à tout esprit de contention.

Lors de son premier séjour à Louvain, il obtint par ses prières la guérison parfaite d'une jeune religieuse couverte d'infirmités, et abandonnée des médecins, qui ne voyaient plus de remède à ses maux. C'est ce que cette même religieuse attestait long-temps après à Bruges, où elle vivait saintement dans un âge fort avancé.

En traversant son pays pour se rendre en Espagne avec le comte Ortiz, il s'arrêta pendant trois jours au château d'Alex. L'illustre famille d'Arenthon, nom cher à la Savoie, accueillit le père Favre avec beaucoup de distinction. Un fermier du château se trouvait très-gravement malade; le père Favre fut prié de le voir et de lui administrer les derniers secours de la Religion. L'homme de Dieu s'étant transporté auprès du malade, avec cette foi vive et cette charité ardente auxquelles le Sauveur a promis des prodiges, le fit entrer dans les plus heureuses dispositions, et lui administra le saint Viatique; et non content de communiquer à cette ame docile la résignation et la paix, il lui obtint encore, par la ferveur de ses prières, une guérison si prompte, que tout le monde la regarda comme miraculeuse.

D'Alex, on assure que le père Favre se rendit à Saint-Jean-des-Sixts, où il prêcha et attendrit tous ses compatriotes, qui avaient conservé un touchant souvenir de son innocente jeunesse. Ayant fait visite à une vieille tante, infirme et malade depuis long-temps, il fut si touché de son malheureux état, qu'il se mit à implorer sur elle le secours du ciel; sa prière fut encore exaucée, et cette pauvre femme se trouva délivrée de toutes ses misères, au grand étonnement de tout le monde.

Le souvenir de ces prodiges, joint à la réputation de sainteté dont jouissait le père Favre, fit une impression profonde sur l'esprit religieux des habitans de nos vallées. Aussi, lorsque le bruit de sa sainte mort arriva dans ce pays, on y célébra sa mémoire avec une religieuse vénération; l'empressement des fidèles n'attendit pas même la voix de l'Eglise pour lui donner le titre de bienheureux.

Quelque temps après sa mort, le médecin Jean Favre, originaire du même village et probablement de la même famille, quoique établi en Champagne, ayant beaucoup entendu parler du mérite et des glorieux travaux du père Favre en Allemagne et en diverses contrées de l'Europe, conçut le dessein de venir visiter le lieu où était né cet homme qui faisait la gloire de son nom et de son pays. Arrivé au Villaret, il trouva la vieille chaumière qui avait été le berceau du père Favre, extrêmement délabrée et tombant en ruines, sans que sa pauvre famille fût en état de la rebâtir. Ce religieux médecin se concerta avec un prêtre du même nom, pour bâtir, à la place de la chaumière, une chapelle dédiée aux saints Apôtres saint Pierre, saint Paul, et saint Barthelemi (1). La fondation portait qu'on y célébrerait à perpétuité une Messe le 1er août, pour honorer en même temps la déli-

(1) *Permittimus celebrari sacrum Missæ officium in capella recenter ædificata in loco Villareti paræ Sancti-Joannis-des-Sixts per Rev. Dom. Joannem Fabrum præsbyterum, et per spectabilem Joannem Fabrum, medicinæ doctorem, in honorem Domini et sanctorum Apostolorum Petri et Pauli et in memoriam Rev. patris Petri Fabri coætanei, fundatoris ordinis Jesuitarum, illius ejusdem loci oriundi. Sic tamen ut habeatur altare portatile et citra prejudicium Curati ejusdem loci ad festum Dom. Joannis-Baptistæ. Annessiaci*, 16 *augusti* 1561. (S. Decomba Vic. Subst.)

Extrait des manuscrits de l'église de Saint-Jean-des-Sixts, communiqués par M. le Curé Entremont. On voit par cette pièce qu'on doit rapporter la fondation de la Chapelle du Villaret à l'année 1560 ou 61, c'est-à-dire vers la 14e annee qui suivit la mort du père Favre.

vrance du Prince des Apôtres et le glorieux trépas du père Favre, qui se rencontraient au même jour. Au lieu du titre des saints Apôtres, les fidèles du pays la nommèrent bientôt, et l'ont toujours appelée depuis la *Chapelle du bienheureux Lefévre* (1). C'est dans cette Chapelle que saint François de Sales consacra un autel et célébra la Messe dans une de ses visites pastorales, comme on l'a dit plus haut (2). L'Evêque de Genève, rempli de vénération pour le père Favre, fit publiquement son

(1) Cette Chapelle vient d'être restaurée tout récemment par les soins de M. Entremont, Curé actuel de Saint-Jean-des-Sixts, sa paroisse d'origine. Ce vénérable pasteur, si distingué par ses lumières et ses vertus, et en tout si digne du respect et de la confiance de l'excellent peuple qui lui est confié depuis 1823, ne fut pas plutôt installé à Saint-Jean-des-Sixts, qu'il se hâta de relever de ses ruines la Chapelle du Villaret, qui, pendant les années de nos désastres, avait subi le sort de tant d'autres lieux consacrés par la dévotion des peuples. C'est lui qui a généreusement contribué, soit à la construction de l'édifice, soit à l'érection d'un autel convenable, soit à l'acquisition des ornemens nécessaires à nos saintes cérémonies. La cloche a été achetée par un autre respectable Ecclésiastique du même village, M. l'abbé Rochet, Recteur de Desingy. M. l'Avocat Favre, d'Annecy, a bien voulu contribuer aussi à l'embellissement de cette Chapelle, de tout temps sous le patronnage de sa famille. M. le Curé Entremont vient de recevoir à cette fin la somme de 350 liv., de ce digne rejéton d'une famille respectable, toujours juste et bienfaisant, toujours plein de sagesse et de loyauté dans les diverses administrations confiées à son mérite, toujours fidèle à la Religion, dont il fut même le protecteur et l'appui dans les temps les plus malheureux.

En parlant ici des derniers bienfaiteurs de la Chapelle du Villaret, tout le monde comprend que, même dans les éloges les plus justement mérités, je suis obligé de me restreindre à certaines bornes, que le respect des convenances ne me permettrait pas de franchir.

(2) Chap. V, p. 45.

éloge, et édifia beaucoup ces bons montagnards, par la peinture des vertus de leur saint compatriote. La dévotion du pieux Evêque se communiquant aux fidèles, la Chapelle du Villaret devint un Sanctuaire très-fréquenté. Le Recteur de la paroisse, ainsi que le Clergé du Grand-Bornand et du voisinage, allait souvent célébrer le saint sacrifice en ce lieu, soit pour satisfaire l'empressement des peuples, soit pour nourrir sa propre dévotion près du berceau d'un modèle si accompli de toutes les vertus sacerdotales. Il paraît certain que cette dévotion des ecclésiastiques et des fidèles a été plus d'une fois récompensée par des faveurs, qui rentreraient difficilement dans l'ordre commun des bienfaits de Dieu envers ceux qui le servent.

Le 15 février 1626, le Rév. Pierre Critan, Curé de Saint-Maurice-de-Thônes, s'était rendu à Annecy, pour demander à Mgr l'Evêque l'époque de sa visite pastorale à Thônes. A son retour, lorsqu'il fut aux Peirasses, passage scabreux et très-étroit, il conduisait assez négligemment son cheval, parce qu'il était occupé en ce moment du souvenir du bienheureux père Favre, pour lequel sa mère Guillelmine d'Arenthon lui avait inspiré de bonne heure une tendre dévotion, en lui assurant qu'elle lui était redevable de plusieurs bienfaits obtenus par sa protection. Tout-à-coup le cheval du Curé s'abat et le précipite par les rochers en bas jusqu'au bord de la rivière. Dans ce péril extrême, le premier mouvement du bon Curé fut de recommander sa vie au bienheureux protecteur de sa mère. Ses compagnons de voyage, George Gerfaux, Maurice Lathuile et D[lle] Claudine Fournier, le crurent perdu. Leur étonnement fut extrême, quand ils virent le respectable pasteur se relever sans autre mal qu'un moment de trouble, qui se changea bientôt en témoignages de reconnaissance envers son bienheureux libérateur; car le pieux vieillard professait hautement et ne cessa de publier depuis qu'il n'avait échappé à une mort presque certaine, que par l'intercession du bienheureux *Lefèvre*. Et tels furent son récit et sa déclaration lors des *informations juridiques*, qu'on a conservées à Rome, au moins jusqu'à la révolution.

Voici un autre fait également remarquable, et arrivé dans la même paroisse. Pierre Vacheran, âgé d'environ 50 ans, était allé couper du bois dans une montagne de Thônes. Pour l'amener au bas de la forêt, il lui fallut creuser un petit sentier à travers les racines et les broussailles; là se trouvait un rocher qu'il croyait adhérent à la montagne; quand il eut dégarni le terrain qui lui servait d'appui, ce rocher roula sur le malheureux Vacheran, qui en fut tout meurtri et tellement recouvert, qu'il ne lui restait de libre que la tête et le bras gauche. Seul, dans un lieu désert, il eut beau crier, personne ne venait à son secours. Déjà il était resté cinq heures dans cet horrible état, où il allait périr misérablement, lorsqu'il entendit venir à lui quelques paysans du voisinage, qui soulevèrent le rocher à grande peine, et portèrent Vacheran tout brisé chez lui. Après quelques semaines, il commença à pouvoir se lever de son lit ; mais il était estropié et incapable de se remuer autrement qu'avec des potences. Alors son vénérable Curé, Pierre Critan, lui suggéra de s'adresser au B. Lefêvre pour obtenir sa guérison. Docile au conseil de son pasteur, Vacheran se transporta, comme il put, à la Chapelle du Villaret, où il fit dire et entendit la sainte Messe avec une grande ferveur. Il eut le bonheur de retrouver dans ce Sanctuaire une guérison si complète, qu'il y suspendit ses béquilles, et redescendit à pied, rempli de joie et de vénération pour le B. Lefêvre.

La relation de ces faits et de quelques autres se trouve consignée dans les *procès juridiques*, d'où l'historien Bartoli les a extraits (1). Combien d'autres faveurs plus ou moins éclatantes témoignent de la piété des fidèles envers le B. père Favre, et du crédit dont il jouit auprès du souverain Dispensateur de tout bien ! J'oserais assurer qu'il ne dépend que de la foi de nos religieux montagnards, de voir se reproduire au milieu d'eux des prodiges du même ordre. Non, rien ne résiste à la foi du vrai disciple de Jésus-Christ ; et nous savons que le bras de Dieu n'est point raccourci, quand il lui plaît de faire éclater ses miséricordes et la gloire de ses grands serviteurs. Qui sait si nous ne sommes pas destinés à

(1) BARTOLI, *Dell' Italia*, *lib.* 1, *cap.* 18, *fin.*

voir apparaître dans le pieux Sanctuaire du Villaret quelques-unes de ces merveilles qui réveillent les ames attiédies, et remplissent les justes de consolation? Merveilles qui, fixant l'attention des premiers Pasteurs, seraient peut-être suivies d'un oracle solennellement proclamé au Vatican, pour annoncer au monde catholique l'exaltation d'un Saint, né au milieu de nos paisibles vallées, dont il sera toujours la gloire et l'ornement.

En m'élevant par la pensée au-dessus de ce groupe de montagnes, qui occupe le centre du vaste et beau diocèse d'Annecy, j'aperçois d'un seul coup d'œil des Sanctuaires et des lieux bien chers à la Religion et à la patrie. Dans un intervalle assez resserré, mes regards s'abaissent avec complaisance sur le berceau ou la tombe de saint Germain de Talloire, de saint Bernard de Menthon, du vénérable père Favre du Villaret, du saint Evêque de Genève, du Cardinal de Brogni, du saint et savant d'Arenthon d'Alex, et de leurs dignes imitateurs Mgrs Bigex et de Thiolaz, d'illustre et sainte mémoire (1). Si ma vue se reporte un peu plus loin du côté du nord, j'entrevois la patrie des Biord, des Gerdil et de bien d'autres illustres Savoisiens, si dignes de tous nos respects.

(1) Ces lignes ont été tracées au moment même où Mgr de Thiolaz terminait saintement sa longue et glorieuse carrière, laissant son diocèse et sa patrie dans le deuil et l'admiration pour ses lumières, ses vertus et pour toutes les grandes qualités dont Dieu avait si richement pourvu ce digne successeur de saint François de Sales.

Je ne puis que faire des vœux pour que mes concitoyens soient à jamais fidèles à cette Religion sainte, qui forma ces grands hommes et enrichit notre patrie de tant de précieux et honorables souvenirs !

FIN DE LA VIE DU P. PIERRE FAVRE.

NOTICE HISTORIQUE

SUR

SAINT BERNARD DE MENTHON. *

Invenit eum in terra deserta, in loco horroris et vastæ solitudinis.
Deut. 32, 10.

BERNARD de Menthon est du petit nombre des hommes supérieurs, à qui il fut donné de lutter efficacement contre la barbarie de ce dixième siècle, décrié avec tant de rigueur et d'amertume. Ministre de la Providence, il semble s'envelopper comme elle d'un voile mystérieux : on n'aperçoit que ses bienfaits.

On connaît tous les détails de la vie de ces héros fameux qui ont traversé le monde pour le ravager; mais les disciples du Fils de Marie savent même cacher à la gauche les bienfaits de la droite. D'ailleurs, sous la loi de charité, le dévouement et les sacrifices sont devenus quelque chose de si familier, qu'on n'y prend pas garde; à peine daigne-t-on en confier à l'histoire les traits les plus mer-

* Cette Notice est extraite du III.e vol. des Mémoires de la Société Royale Académique de Savoie, page 202, année 1828.

veilleux. C'est ainsi que de beaux caractères et des modèles de vertus sont à peine connus de ceux mêmes qui profitent de leurs bienfaisantes institutions. *Bernard* de Menthon ne mériterait pas un tel oubli, surtout dans le pays qui a eu la gloire de lui donner naissance.

A travers les ombres du moyen âge, on a de la peine à saisir les traits de sa noble figure; c'est comme un beau tableau enseveli dans la poussière et les décombres. Pour qu'il pût répandre l'éclat le plus pur, il ne faudrait que le replacer dans son vrai jour, et le débarrasser de certain vernis grossier, de certaines couleurs étrangères, dont l'ignorance et le goût d'un faux merveilleux l'ont recouvert. Tel est le but que je me suis proposé, sans me flatter de l'avoir atteint.

Bernard naquit au mois de juin de l'année 923 (1), de Richard, seigneur de Menthon, et de Bernoline de Duingt. Les richesses, l'honneur, les alliances les plus illustres, tout concourait à rendre cette respectable famille une des plus puissantes et des plus considérées du pays.

(1) *La Vita maravigliosa del Gran S. Bernardo..... scritta da Monsignor Ant. Buthod, Prev. del. Mon. del Gr. S. Bern.* (Cap. I.°) *Tradotta da Nic. Cornu. Can. Reg.... di S. Bern.*

Diario de' Santi e Beati..... dal vicario Giosefﬀo Massa..... 15 *giugno.*

Manuscrit de l'église de Novare, intitulé : *Ecclesia Novariensis.; auctore Episcopo a Basilica.... anno* 1612.

Vie du Saint, par Roland Viot, chap. I.er

Id. id., par *Le Grand.....* chap. I.er

La même date se trouve dans plusieurs manuscrits qui m'ont été communiqués par le vénérable Prévôt du Grand-St-Bernard.

Le berceau du jeune Bernard se trouvait ainsi entouré de fleurs et de tous les avantages d'une brillante fortune. Ce qui fut bien plus heureux pour lui, c'est que ses vertueux parens mirent tous leurs soins à cultiver de bonne heure les excellentes dispositions de cet unique objet de leur tendresse. Il montra dès lors un goût décidé pour les exercices religieux et pour la première instruction qu'il recevait au sein de sa famille.

Ce fut sous les yeux de ses parens que le pieux *Germain*, son précepteur, lui donna la première teinture des lettres. Ce maître sage et vertueux se montra digne d'être l'ange tutélaire de cet enfant de bénédiction.

Préserver son innocence de toute atteinte, montrer à cette ame novice la vertu dans toute sa beauté, faire briller à ses yeux la lumière céleste de la Religion, développer ses talens naturels, ce fut la mission qu'il remplit auprès de Bernard, avec tant de zèle et de bonheur.

Selon le témoignage de quelques historiens (1), après ses premières études et ses premiers succès

(1) Buthod, *La Vita maravigliosa del Gran S. Bern.*, ecc.....; cap. II.°

P. Fr. Bernard, Docteur et Prof., *Vie du Grand S. Bernard de Menthon*, I.re Partie.

Roland Viot, chap. 2, etc.

Besson révoque ce fait en doute. Voy. *Mémoires pour l'Histoire Ecclésiastique*, etc.; *Diocèse de Genève*, art. *B.rn. de Menth.*

Viot et les autres historiens qui l'ont copié servilement, rapportent ce fait amplifié à leur manière, sans en citer aucun garant. Il paraîtrait donc que ce serait plutôt une conjecture plus ou moins probable, qu'un fait avéré.

dans la tranquille et riante solitude du château de Menthon, Bernard fut envoyé à Paris, sous la conduite de Germain, pour faire des études plus solides et plus étendues, dans cette école célèbre, qui, à travers les nuages du siècle le plus ténébreux, jetait au loin un très-vif éclat, et attirait de toutes parts un prodigieux concours d'étudians.

A Paris, le jeune Bernard, à ce qu'on assure, se livra avec beaucoup d'application et d'attrait à l'étude du droit et surtout de la théologie. Loin de partager la dissipation et les désordres, trop ordinaires parmi la foule des jeunes gens réunis dans cette grande ville, il sut mettre sa vertu à l'abri de toutes les séductions.

Docile aux sages conseils de son guide, fidèle aux impressions de cette Religion sainte qui remplit toutes ses pensées et subjugue tous ses sentimens, il repousse avec courage la séduisante amorce de la volupté.

Entouré de périls, battu par la terrible tempête des passions naissantes, suspendu à chaque instant sur les bords d'un abîme, ses regards se portent vers le ciel, pour y découvrir l'astre qui doit le sauver du naufrage.

Son cœur innocent et pur se révolte à la vue des désordres et des ravages affreux du vice; plus il est à portée de voir de près ce hideux tableau, plus il sent augmenter son aversion pour le monde et son attrait pour la solitude; cette disposition de son ame, loin d'être combattue par son gouverneur, Germain l'autorisait et partageait ses vues et ses desseins. Ces deux cœurs unis par la charité la plus tendre et la similitude des goûts, se fortifiaient mutuellement dans leur résolution de ne plus vivre que pour le ciel et de chercher dans le sanctuaire un asile assuré pour leur vertu.

Richard de Menthon concevait des espérances tout opposées sur l'avenir de son fils. En faisant soigner son éducation, il s'était proposé d'en faire un gentilhomme accompli, capable de soutenir son rang élevé et la gloire de sa famille; il voulait qu'il pût briller dans les combats et acquérir une haute réputation parmi la foule des chevaliers de cet âge héroïque; en un mot, l'héritier de son nom et de sa fortune devait être un grand homme selon les idées du temps.

Pour arriver à ses fins, il négocia pour lui un établissement, dont il attendait la gloire et le bonheur de sa famille.

Après quatre à cinq ans de séjour à Paris, Bernard est rappelé à Menthon. Malgré les pressentimens qu'il a d'un terrible orage, sa docilité ne lui permet pas d'hésiter un instant.

Arrivé au château de Menthon, il goûte avec délices le plaisir de se retrouver dans les bras de ses parens. Toute la noblesse du voisinage est venue prendre part à cette fête de famille; chacun s'empresse d'accueillir un jeune homme auquel se rattachent tant d'intérêts; on se livre, avec transport, aux amusemens et aux plaisirs naïfs de cet âge. On sait quelles étaient la courtoisie, la gaîté, et toutes les aimables folies qui embellissaient les fêtes d'un vieux manoir gothique.

Ces premiers momens de bonheur furent pour

Bernard, assez semblables au calme perfide qui précède la tempête.

Il est appelé auprès de son père, qui lui déclare ses desseins : « Mon fils, lui dit-il, il est temps de « régler votre sort et de me décharger sur vous « des fatigues d'une pénible administration. Vous « allez être le consolateur de ma vieillesse; c'est « de vous que dépend tout mon bonheur ; c'est « vous qui devez perpétuer ma famille, dont vous « êtes le seul espoir. Il faut donc vous décider à « conclure bientôt une alliance honorable que je « vous ai ménagée ».

A ce discours, le trouble s'empare du jeune Bernard; il se jette aux genoux de son père et le supplie de ne pas lui imposer encore des engagemens qui l'effraient. Soit par timidité, soit par ménagement pour le cœur d'un père, il n'ose lui découvrir le vœu secret de son ame; il s'excuse sur sa jeunesse et le désir de continuer son instruction (1). Au lieu de se laisser attendrir, le Baron s'emporte d'une manière terrible contre son fils, et lui fait sentir tout le poids de son autorité et de son courroux.

La Baronne se joint à son époux pour exercer sur le cœur de son fils un pouvoir plus irrésistible. Les caresses, les plaintes, les prières, les larmes de la tendresse, voilà ses armes. Comment résister aux accens de la voix maternelle ? Bernard tout ému ne sait plus se défendre ; il se contente de demander quelque délai.

(1) *La Vita marav.*, *cap.* 3. *Diario de' San....* 15 giugno.

Le Baron, persuadé que la vocation de son fils et ses dégoûts pour le monde ont été inspirés et entretenus par le pieux Germain, prend le parti d'éloigner ce conseiller importun ; il congédie brusquement le sage gardien de l'innocence de Bernard, avec plusieurs domestiques attachés à son service. Tous ensemble se retirent au monastère de Talloire, où Germain finit saintement sa carrière (1).

Après cette cruelle séparation, la perplexité de Bernard devient extrême. La voix de la Religion et celle de la nature semblent lui intimer des ordres tout opposés; le ciel et la terre réclament en même temps son cœur et le déchirent; il prie, il se désole, il attend le secours de celui qui *écoute la prière des malheureux* (2).

Arrive enfin le moment tant redouté, où son père lui ordonne de le suivre, pour aller faire la demande de Marguerite de Miolans. Il n'a pas le courage de résister ; il se laisse conduire comme une victime destinée au sacrifice. On ne s'étonnera pas de cette espèce de violence exercée sur Ber-

(1) Presque tous les auteurs parlent de cette expulsion et de la retraite de Germain dans un monastère du voisinage ; il paraît certain que ce fut dans celui de Talloire, dont l'antique existence est incontestable.

Rodolphe III, Roi de Bourgogne, en 994, fit donation de Talloire aux Moines de Savigny. *Besson*, *Recueil de Titres*, N.° 3.

Il est probable que c'est ce même Germain qui est honoré comme Saint à Talloire, et qui a donné son nom à l'ancien *Ermitage de St-Germain*.

Voyez *Besson*, *Dioc. de Genève*, *Décan. d'Annecy*, II.

(2) Ps. 101, 18.

nard, si l'on se rappelle les mœurs de cet âge de piété et de soumission filiale, où les parens se croyaient autorisés à régler d'une manière absolue la destinée de leurs enfans (1).

Marguerite de Miolans réunissait toutes les qualités les plus propres à faire le bonheur et à captiver le cœur d'un époux; mais celui de Bernard ne pouvait s'attacher à aucun bien périssable : Marguerite n'obtint que son respect et son estime.

Cependant les deux familles règlent les conditions et font les préparatifs du mariage. Tout le monde est dans la joie, excepté Bernard; sa conscience et ses goûts repoussent les chaînes qu'on veut lui imposer; il n'ose pourtant se prononcer. Plus il s'engage, plus il devient impossible de reculer. Son ame délicate lui montre une sorte de cruauté à entretenir dans l'erreur deux familles

(1) Dans les familles nobles surtout, l'aîné était obligé de recevoir une femme du choix de ses parens. Il était convenu qu'il devait endosser la cuirasse, marcher au besoin sous l'étendard du Roi ou des grands vassaux, ou mieux encore guerroyer avec les seigneurs voisins.

Un second fils était tonsuré et pourvu d'un riche bénéfice, déjà possédé par son oncle, avec le même genre de vocation. Heureux, si les goûts et les mœurs du jeune prélat se trouvaient en harmonie avec l'état qu'on lui avait imposé!

Un troisième offert, encore enfant, au monastère voisin, ne devait connaître d'autre père que le révérend père Abbé.

Les plus jeunes, s'il y en avait, pouvaient trouver un sort honorable dans les aventures militaires. Ils allaient moissonner des lauriers ou répandre leur sang sous les murs d'Antioche ou d'Ascalon, dans les champs de la Mésopotamie, ou dans les marais de Damiette. Quelle gloire pour eux, s'ils réussissaient à conquérir sur ces rives lointaines une baronie, une principauté, dont le titre sonore devait rappeler à leur postérité d'héroïques souvenirs!

respectables, et surtout une jeune personne digne d'un meilleur sort.

Toutes les dispositions sont prises ; l'autel des noces est préparé pour le lendemain matin (1). La jeunesse, la modestie, la beauté, la vertu et la fortune semblent avoir épuisé leurs trésors pour embellir cette union. Bernard, en proie aux plus cruelles incertitudes, ignore encore quel sera son sort ; retiré dans son appartement, au sein de la nuit, lorsqu'un profond silence a succédé au tumulte du château, il répand son ame devant Dieu, et appelle à son secours ces pures intelligences, dont il lui tarde de partager la condition. Il invoque aussi la protection du *saint Evêque de Myre*, auquel il avait voué la dévotion la plus tendre, en l'établissant gardien de sa chasteté (2).

Enfin il croit avoir entendu la voix du ciel : la fuite lui est commandée. Il trace quelques lignes pour faire connaître à ses parens les desseins du

(1) Je n'ai pu m'assurer si Marguerite de Miolans était déjà arrivée au château de Menthon, comme le supposent quelques historiens, ou si elle devait seulement y être conduite le lendemain, comme l'insinue Buthod. *Vita marav.*, *cap.* 4.

(2) Selon Roland Viot, chap. 3e, Buthod, le doct. Fr. Bern., etc., ce fut à Paris que le jeune Bernard de Menthon conçut tant de dévotion pour S. Nicolas, et qu'il fit, sous sa protection, vœu de chasteté perpétuelle.

Pour expliquer cette piété extraordinaire, qu'il conserva toute sa vie pour le S. Evêque de Myre, si révéré en Orient et en Occident dès les premiers siècles de l'Eglise, il n'était point nécessaire de recourir à la fameuse translation des reliques de S. Nicolas à Bari, qui n'eut lieu qu'en 1087. Voy. *Fleury*, tom. XIII, p. 446 ; *Bérauld Bercastel*, liv. XXXIII, édit. de Toulouse, p. 570 ; *Godescard*, tom. II, mois de décembre, art. *S. Nicolas*.

Seigneur sur lui et leur donner le dernier adieu. Le nouvel Alexis a trouvé dans la prière une force toute divine; il s'échappe par une fenêtre du château (1).

Sans doute son cœur dut être brisé de douleur, en jetant un dernier regard sur les tours crénelées du berceau de sa jeunesse, d'où le chagrin et les tristes souvenirs allaient bannir la joie et le bonheur. « Chers parens, faut-il que ce soit votre fils « qui vous enfonce le poignard dans le sein? Dieu « d'Abraham, inspirez-leur un généreux sacrifice! « consolez leur douleur! qu'il me soit donné de les « revoir dans le séjour où il n'y aura plus de larmes! « divin époux des ames chastes, emparez-vous, « sans partage, de celle qui mérite, par sa candeur « et ses vertus, de n'appartenir qu'à vous! (2) »

Sans autre guide que son ange tutélaire, Bernard traversa les Alpes, et alla chercher un asile dans la Cité d'Aoste (*Augusta Prætoria*). Les Chanoines Réguliers de cette ville le reçurent dans leur cloître

(1) Une ancienne tradition du pays porte qu'il s'évada miraculeusement par une fenêtre haute de 18 à 20 pieds, sur la cour du côté du levant; on montre encore au bas de la fenêtre des vestiges qu'on suppose que le Saint y imprima.

(2) Buthod et le Doct. Fr. Bern. racontent que Marguerite de Miolans prit le voile dans un monastère de Grenoble; ce qui, dit-on, apaisa la colère du Baron son père, qui s'était cru blessé par la famille de Menthon, et se préparait à en tirer vengeance. Ce fait me paraît fort douteux. Pour la même raison, je n'ai fait aucune mention d'une prétendue correspondance par lettres, entre saint Bernard et Marguerite. Voyez ces lettres, à la fin de la *Vie du Héros des Alpes*. Ces lettres ont bien l'air d'être de la composition du P. Fr. Bern., dont le goût et la critique laissent beaucoup à désirer.

avec beaucoup de bienveillance et de charité. Il retrouva un père dans le vénérable Pierre, Archidiacre de cette ville , personnage d'une haute sainteté.

Soit que Bernard lui eût confié le secret de sa noble origine, soit que le sage vieillard ait respecté le silence mystérieux du jeune inconnu , il est certain qu'il sut apprécier le trésor que le ciel lui confiait. Lui-même se chargea de cultiver de ses mains cette jeune plante; il trouvait sa consolation à former un sujet doué de si heureuses dispositions et dont il semblait présager la glorieuse carrière. A l'ombre du Sanctuaire, ce nouveau Samuel respirait le calme et la paix que le monde n'avait pu lui donner. Tout entier au recueillement, à la prière, à l'étude, docile aux leçons du vertueux Archidiacre, il ne cessait d'orner sa belle ame des connaissances et des vertus qu'exige le sacerdoce, auquel il ne tarda pas à être élevé , sans qu'on puisse en savoir l'époque précise. L'Archidiacre devenu son guide et son protecteur, lui obtint aussi un canonicat, qui le fixait auprès de lui.

Le zèle et les talens de Bernard l'appelaient aux fonctions apostoliques ; il lui eût été difficile de contenir en lui-même le feu divin qui le consumait. Ses travaux, dans l'œuvre des missions, ne tardèrent pas à être accompagnés des fruits les plus heureux.

Après la mort de l'Archidiacre, son bienfaiteur et son modèle, Bernard fut élu pour lui succéder, vers la quarante-cinquième année de son âge (1). Cette dignité réunissant alors la charge de Grand-Vicaire et même d'Official, lui donnait une grande autorité dans le diocèse. L'Evêque de la Cité d'Aoste lui accorda son estime et sa confiance; il se servit utilement de ses lumières et de l'ascendant de son mérite, pour l'instruction et le gouvernement du troupeau confié à sa vigilance.

Bientôt le pieux Archidiacre devient le mobile de toutes les grandes œuvres: on lui voit déployer une énergie et un courage infatigable, pour travailler à l'instruction des peuples et à la réforme du Clergé, non-seulement à Aoste, mais encore dans les diocèses voisins (2).

Il fait des efforts prodigieux pour rétablir les écoles et bannir l'ignorance, source de tant de désordres, surtout quand elle enveloppe de son voile ténébreux ceux qui doivent être les docteurs du peuple et la lumière du monde. C'était la grande plaie de cette malheureuse époque. Sans doute il était réservé à de meilleurs temps et à des circons-

(1) Dans le manuscrit intitulé : *Ecclesia Novariensis*, il est dit : *Archidiaconus licet invitus factus est anno Domini nonagentesimo sexagesimo sexto*. Il était donc âgé de 43 ans ; et cette date se retrouve dans Godescard, le P. Fr. Bern., Grillet et D. Alberto Doglio. Il aurait eu 46 ans, selon Buthod, *La Vita marav.*, et Massa, *Diario de' Santi*, Roland Viot, liv. Ier, ch. 9 ; et environ 44, selon Besson, article déjà cité.

Le Grand avance de beaucoup cette date, et suppose qu'il fut élu Archidiacre en l'année 956, 33e de son âge, *Vie de S. Bernard*, art. 7.

(2) Ses travaux apostoliques s'étendirent dans les Diocèses de Novare, de Sion en Vallais, de Tarentaise et de Genève; mais on ne connaît ni l'époque précise, ni les détails de ces différentes missions. Voy. *Godescard*, art. *S. Bernard*, mois de juin, tom. V.

tances plus favorables, de remettre la science en honneur et de faire refleurir les lettres et les arts. Il eût été impossible à saint Bernard de former des philosophes, des poètes et des orateurs; il fit mieux : il forma des chrétiens pleins de foi et de vertu, de fervens cénobites, des martyrs de la charité chrétienne.

Placé à l'entrée de l'Italie, aux pieds des Alpes, à la jonction des deux voies romaines les plus fréquentées, surtout par la foule des pélerins qui se rendaient aux tombeaux des SS. Apôtres, chaque jour apportait à Bernard le récit des désastres et des malheurs arrivés dans cette périlleuse expédition.

L'une de ces voies établissait la communication entre la vallée d'Aoste et la Haute-Tarentaise, en coupant les *Alpes grecques*, par la montagne appelée *Colonne Joux* (*Columna Jovis*), à cause d'une colonne consacrée au culte de Jupiter (1).

L'autre voie traversait les *Alpes pennines* et tombait sur le Bas-Vallais, par un col étroit et difficile, nommé *Mont-Joux* (*Mons Jovis*) (2). Sur cette mon-

(1) On suppose que cette colonne était de porphyre et qu'elle supportait une escarboucle appelée l'*œil de Jupiter*.

Cette partie de la grande chaîne des Alpes se nommait *Alpes Graiæ*, parce qu'on croyait qu'Hercule y avait passé avec une colonie grecque.

Cornelius Nepos, *Annibal*, *cap.* 3, *ad Alpes posteaquam venit.... quas nemo unquam ante eum, præter Herculem Graium, transierat*, (*quo facto, is hodie Saltus Graius appellatur*).

Plin., (*apud Titum-Livium*, *lib.* 3, *cap.* 17), *Salassorum Augusta Prætoria, juxta geminos Alpium fauces, Graias atque Penninas; istis Pœnos, Graiis Herculem, transisse memorant.*

(2) Les Alpes *Pennines* paraissent avoir reçu ce nom du dieu *Pennus*

tagne se trouvait un ancien temple païen, dans lequel on adorait encore une statue de *Jupiter-Pennin* (1).

Depuis plusieurs siècles, le Maître des dieux avait vu ses autels renversés et ses temples abattus. Les conquérans du monde ne montaient plus au Capitole pour lui faire hommage de leurs triomphes et lui offrir les dépouilles des nations asservies. Ses oracles étaient muets, et ses pompeuses solennités avaient fait place au culte grave et sévère du Dieu d'Israël. Les échos de l'Olympe ne redisaient plus les hymnes chantés à sa louange. Ses rits méprisés et proscrits, semblaient relégués dans les déserts affreux des Hautes-Alpes. Il n'avait pour adorateurs que des sauvages et des brigands fanatiques, qui savaient mettre à contribution la crédulité et l'effroi des pélerins. Le temple du Mont-Joux était le centre principal des monstrueuses pratiques de ce culte atroce et détestable. Ainsi, l'âpreté des lieux, l'inclémence

(Pœnus), honoré chez les anciens Vallaisans. Son culte était en grand honneur dans un lieu appelé *Penni Lucus*, à l'extrémité orientale du lac Léman. C'est pour la même raison qu'une partie de l'ancien Vallais se nommait *Vallis pennina*. Voy. *Atlas encyclop.* par *Bonne* et *Demarest*, tom. Ier, carte *Gallia vetus*.

(1) Les Romains, en conquérant ce pays, lui imposèrent, comme de coutume, Jupiter, leur divinité principale; *Pennus* et *Jupiter* furent honorés du même culte sous le nom de *Jupiter-Pennus* (aliàs *Jupiter Pœnus*).

Voy. extrait d'un Mémoire intitulé : *Médailles.... et antiquités du Vallais*, par Laurent-Joseph Murith, Chan. rég. du Grand-St-Bernard. A la fin du troisième tome des Mém. et Dissert., etc., par la Société roy. des Antiq. de France.

Voy. aussi *Saussure*, *Voy. dans les Alp.*, *ch.* 42, §. 987.

des élémens, la barbarie des montagnards du voisinage, tout concourait à fermer aux voyageurs cette redoutable barrière des Alpes.

Ceux qui échappaient soit à la violence de la tempête et aux rigueurs du froid, soit à la cruauté des brigands, descendaient à la cité à demi-morts de fatigue et de terreur, et faisaient un tableau effrayant des dangers qu'ils avaient courus eux-mêmes et du malheur de leurs frères, précipités dans des abîmes, ou victimes de *certain monstre* qu'on croyait sorti de l'enfer (1).

Bernard ne pouvant plus résister aux mouvemens de sa charité, ne s'arrête point à mesurer les obstacles, ni à en calculer les ressources : il compte au besoin sur le secours et la puissance de celui qui nourrit et sauva son peuple dans le désert.

Inspiré par cette religion sublime qui suit

(1) Je ne m'arrête point à cette fameuse expédition de saint Bernard contre le géant du *Mont-Joux*. Rien de plus curieux que ce qu'en rapportent le P. Fr. Bern., 2me part. ; Buthod, *La Vit. marav.*, *cap.* 7, et l'historien Doglio, qui a suivi Richard de Val-d'Isère, dont il cite même les paroles, *Della Vita di S. Bern. di Menth.*, *cap.* 17. Voy. aussi un manuscrit du 15me siècle, dont Besson rapporte un fragment ; *Diocèse de Genève*, page 179, édition de Nancy.

Simler, *cap. de Veragris*, parle ainsi de la destruction de l'idolâtrie sur le Mont-Joux : *Domesticis monumentis proditum est*, *in hoc monte idolum fuisse*, *quod petentibus responsa dederit... Posteaquàm verò Salassi et Veragri ad agnitionem Christi venêre*, *Bernardus ex Augustâ Prætoriâ sacerdos*, *piæ et sanctæ vitæ homo*, *idolum dejecit et cœnobium eo loco*, *in usum peregrinorum*, *instituit ; ab eo deinde nomen Mons accepit. Vulgus nugatur*, *dæmonem qui responsa dederit*, *ab eo in horrendam specum hujus montis quibusdam adjurationibus compulsum*, *illic*, *quasi carcere quodam detineri.*

l'homme, ou plutôt va l'attendre partout où il y a des misères à soulager et des larmes à essuyer, il a résolu d'aller planter la croix au sommet des Alpes, et d'y dresser la tente hospitalière d'Abraham.

Pour préparer les voies aux établissemens qu'il médite, il lui faut en quelque sorte conquérir les avenues du désert. Afin d'en humaniser les sauvages habitans, il va lui-même les chercher dans leurs tristes réduits. Les fatigues, les dégoûts, les sacrifices de tout genre semblent ne rien lui coûter. On sait trop combien il est difficile d'abattre de vieux préjugés, surtout quand l'ignorance et la cupidité soutiennent le fanatisme. Bernard ne se laisse point décourager par les contradictions. La dureté et l'humeur farouche de ces barbares ne lassent point sa patience.

D'ailleurs il expose sa vie avec tant de confiance, sa sainteté frappe tous les regards d'un éclat si vif, qu'on n'ose attenter à ses jours. Sa bouche fait entendre des paroles pleines de douceur et de bonté ; ses mains répandent de pieuses largesses ; il montre tant d'intérêt pour les malheureux, un désir si ardent de faire du bien à ceux qu'il appelle ses frères, qu'il parvient à se faire écouter avec respect.

Insensiblement il fait pénétrer la lumière et le goût de la vertu dans des ames abruties. On rougit enfin des superstitions et des crimes auxquels on s'est livré jusque là.

Sur les pas de celui qu'on vénère comme l'envoyé du ciel, on escalade les Alpes ; il ordonne, et l'on renverse sans effroi et sans murmure le temple et la statue, et bientôt après, la colonne de Jupiter. Les débris de ces odieux et funestes monumens serviront bientôt à en construire d'autres plus chers à l'humanité.

Il paraît que ce fut vers l'an 968 ou 970 que le saint Archidiacre commença la fondation de deux monastères et de deux hospices, sur les Alpes pennines et sur les Alpes grecques (aujourd'hui le *Grand* et le *Petit-St-Bernard*).

Ces deux établissemens exigèrent des travaux et des dépenses à peine croyables, dans des temps si malheureux. Il sut communiquer son désintéressement et sa charité aux ames généreuses. Armé en quelque sorte de la toute-puissance de celui qui donnait l'impulsion à son cœur, bientôt il jouit de la consolation d'avoir ouvert sur la cime des Alpes, un asile aux voyageurs. La religion seule pouvait se charger d'en être la gardienne; il y appela de pieux cénobites soumis à la règle de saint Augustin, exilés volontaires, morts au monde et à toutes ses jouissances, victimes immolées pour le salut de leurs frères.

En peu d'années cette pieuse légion fit bénir le nom de Bernard dans toute l'Europe. La reconnaissance des voyageurs ne se borna pas à répandre au loin une stérile admiration : les princes de l'Eglise et les grands de la terre voulurent s'associer au mérite d'une œuvre si importante. Pour donner à Bernard les moyens de la perpétuer, on lui offrait tantôt des fonds de terre, tantôt des sommes considérables (1). On assure qu'il fut aussi secouru par les libéralités de sa généreuse et puissante famille, après qu'il se fut remis en relation avec elle. La haute opinion qu'on avait de son mérite et de sa sainteté ne lui permettait plus de vivre inconnu. De toute part on venait lui demander des conseils et des leçons. Les Evêques l'appelaient dans leurs diocèses pour y rétablir la piété et la régularité ecclésiastique. Les malheureux surtout trouvaient toujours des consolations auprès de lui. Voilà, dit-on, ce qui décida le Baron de Menthon à se mettre en voyage, avec son épouse et le Baron de Beaufort, pour aller visiter l'Apôtre des Alpes.

Bernard les accueillit avec les attentions les plus délicates et toute la tendresse d'un fils. Ils contèrent leurs peines et leurs chagrins à l'homme de Dieu, et il se trouva que le Saint était ce fils qu'ils cherchaient. Son cœur attendri le décela, et les deux vieillards sentirent couler dans leur

(1) La Congrégation possédait autrefois des bénéfices et des domaines considérables dans les Etats de nos Souverains, qui furent long-temps ses protecteurs les plus zélés. Il n'entre pas dans mon dessein de rappeler ici les funestes différends qui survinrent entre nos Princes et la Congrégation, au sujet de la nomination du Prévôt du Grand-St-Bernard, et qui amenérent enfin la suppression de tous les bénéfices qu'elle possédait en Savoie et dans le Duché d'Aoste.

Une bulle de Benoît XIV, *In supereminenti*, du 14 août 1752, unit tous ces biens à l'Ordre militaire des SS. Maurice et Lazare, pour l'érection de deux Commanderies.

Saussure, *Voyage dans les Alpes*, *ch.* 42, §. 987.

Besson... *Diocèse d'Aoste*... 3° Prieuré de Saint-Jaquem.

sein toutes les consolations de Jacob dans les bras de Joseph (1). Après avoir joui pendant quelques jours de ce digne objet de tant de larmes, ils regagnèrent, pleins de joie et de consolation, leur antique demeure. Désormais la plainte ne s'élèvera plus au fond de leur cœur, ils ne cesseront d'unir leurs voix pour célébrer les bienfaits du Seigneur; trop heureux d'avoir un saint dans leur famille, ils s'efforceront aussi d'imiter ses vertus.

Cependant Bernard continuait ses travaux et s'appliquait à perfectionner son ouvrage. Cet homme de la miséricorde avait fort bien compris qu'il est moins difficile d'élever des bâtimens, de doter des hospices et des monastères, que de fixer l'inconstance de l'homme et de lui imposer le scrifice absolu de lui-même. Consacrer un palais magnifique à l'humanité souffrante, ce peut être l'ouvrage d'un puissant monarque; mais il est réservé aux Vincent de Paul d'y réunir un peuple de vierges courageuses, qui se vouent au culte de la douleur.

Bernard s'étudiait donc par-dessus tout à se former des disciples, dont le zèle et le dévouement fussent à l'abri du relâchement et de toutes les vicissitudes. Il se transportait alternativement de l'un à l'autre de ses deux monastères, pour partager les travaux de ses confrères, les consoler et les diriger. Sa présence était pour eux la plus efficace de toutes les leçons. Il ne négligeait cependant point les règlemens et les sages constitu-

(1) Genes. 46, 29 et 30.

tions, qui donnent de la stabilité aux établissemens et en perpétuent les heureux fruits. Bernard parlait le langage de la foi à des cœurs dociles ; le feu divin qui le consumait passa dans l'ame de ses chers hospitaliers.

Quelle est donc cette force merveilleuse qui anime ces hommes héroïques sans le savoir ? ou quels crimes ont-ils commis, pour mériter un exil mille fois plus horrible que cette *Chersonèse*, ou cette *Oasis*, tant redoutée des anciens ?

Placés au-dessus des régions habitables (1), séparés du reste du monde, ils ne connaissent la nature que par ses horreurs et les monstres qu'elle produit. Ils n'ont pas même le plaisir innocent de cultiver de leurs mains et de voir croître sous leurs yeux les légumes dont ils se nourrissent. La brillante parure et le parfum des fleurs, le tableau si riche et si animé d'une nature qui semble renaître, ne peuvent porter l'émotion et le ravissement dans l'ame du solitaire des Alpes ; il n'y a pas de printemps pour lui, et l'automne ne lui offre jamais de fruits à cueillir. Relégué au sein et quelquefois au-dessus de la tempête, l'œil constamment attristé par des glaces et des rochers usés par le temps, abîmés par la foudre et se précipitant les uns sur les autres avec un effroya-

(1) MM. de Saussure et Pictet donnent au Monastère du Grand-St-Bernard 1246 toises au-dessus du niveau de la mer, et plus de 2000 pieds au-dessus de ce même Monastère, à la montagne qui le domine et qui est couverte de neiges éternelles.

Mémoire du Chan. Laurent-Joseph *Murith*, déjà cité.

Saussure, *Voyage dans les Alpes*, *chap.* 42, §. 989.

ble fracas, n'est-il pas à craindre que son ame ne tombe dans des pensées sombres comme le spectacle qui l'entoure, et que ses mœurs ne contractent insensiblement quelque chose de dur et de sauvage comme les animaux qui viennent se cacher dans le creux des rochers d'alentour ? non : il retrace au contraire la vivante image du pieux fugitif de Menthon ; il en conserve l'esprit, la douceur, les manières et la courageuse charité : les siècles n'y changent rien.

D'épouvantables révolutions ont bouleversé les empires ; l'Europe a plusieurs fois changé de face : mais les disciples de Bernard, au milieu de leurs neiges comme dans un autre monde, sont aujourd'hui tels qu'ils parurent au dixième siècle. Ces anges de paix sont demeurés fidèles à leur mission ; en leur enlevant leur fortune, on n'a pu leur ravir le noble privilége de faire du bien à la société et d'accueillir le voyageur sur la cime des Alpes. Le travail et l'étude des sciences les préservent de l'ennui ; la prière et la lecture des livres saints les délassent de leurs fatigues et alimentent la flamme céleste dans leur ame. Leurs sentimens se raniment et leurs pensées s'élèvent quand ils unissent leurs voix et leurs accens religieux à ceux de David, confinés comme lui dans la caverne d'*Odolla* (1) ou d'*Engadi* (2), sans cependant partager ses regrets ni ses chagrins.

Tandis que la fureur de l'orage bat les flancs

(1) *Reg.*, *Lib. I*, 22, 1.
(2) Ibid. 24, 1, 4 *et seq.*

de leur modeste asile, ils conservent le calme dans leur cœur, à moins toutefois que leur prévoyance inquiète ne leur fasse pressentir le danger de quelque voyageur. Alors ils bravent les frimats. L'un d'eux monte sur une aiguille escarpée pour apercevoir au loin la caravane en péril ; un autre s'avance avec courage sur les pas de ces animaux domestiques, auxquels ils semblent avoir communiqué leur intelligence et leur bonté ; il se hâte d'offrir des rafraîchissemens et le secours de ses bras, ou même de ses épaules, au voyageur égaré, transi de froid et déjà enseveli sous des monceaux de neige (1).

Le pieux cénobite rapporte à l'Hospice son glorieux fardeau, plus heureux qu'Enée lui-même, quand il sauva son vieux père et ses dieux. Il vient d'arracher une victime à un horrible trépas. C'est peut-être un Apôtre, un François de Sales (2) qu'il conserve à l'Eglise ; ou bien c'est l'espoir d'une famille, un père, un époux, un fils. Tous ses confrères envient son bonheur ; pour lui, il jouit de son triomphe sans ostentation ; il bénit le ciel à qui il en fait hommage.

Pour toute récompense, il prodigue les soins les plus empressés à celui dont il a sauvé la vie ; il a pour lui toute la tendresse d'un père et goûte,

(1) Saussure, chap. 42, §. 988. et suiv.

(2) Vie de saint François de Sales, Liv. IIIme, page 188, édition de Paris, 1821, G. J. Blaise.

Toute sa vie, saint François de Sales publia avec attendrissement le bienfait qu'il avait reçu des PP. du Grand-St-Bernard, et il faisait le plus grand éloge de leur institut.

sans trouble et sans amertume, un sentiment qui semblait lui être interdit. Si la reconnaissance exaltée lui présente des trésors, semblable au conducteur du jeune Tobie, il se dérobe à ses regards, non pas encore pour monter au ciel, mais pour voler à de nouveaux combats. *Bénissez*, dira-t-il comme Raphael, en s'échappant, *bénissez le Dieu du Ciel.... parce qu'il a fait éclater sur vous sa miséricorde* (1).

Cependant la victoire n'a fait que redoubler son courage ; dès le lendemain il affronte de nouveaux périls. Pour cette fois il succombe : un affreux tourbillon l'enveloppe et le précipite au bas du rocher ; le ciel a couronné ses travaux ! Son sort ne décourage point ses confrères ; il leur tarde aussi d'obtenir la palme du martyre ; pour eux la vie n'a de prix qu'autant qu'elle peut servir à sauver celle de leurs frères.

Compatriote ou étranger, catholique ou dyscole, ami ou ennemi, tous sont reçus et traités avec la même bienveillance ; ou plutôt, dans cet asile de la charité, un même sentiment confond et subjugue tous les cœurs. On oublie les haines nationales, les fureurs des partis, les répugnances et les préjugés de l'éducation ; la robe du solitaire hospitalier n'a plus rien qui choque les regards. Comme Jean-Jacques à *Notre-Dame-des-Ermites*, on ne se souvient plus qu'on est disciple de Calvin ou de Voltaire ; sans y prendre garde, on se trouve de la religion de saint Bernard ; le culte

(1) Tob., 12, 6.

des Saints paraît une religion toute naturelle (1).

Voilà la merveille conçue et réalisée par cet ange de vertu, qui s'était dérobé au toit paternel, pour vivre inconnu et ignoré. Devenu pauvre, pour imiter celui qui *n'eut pas où reposer sa tête*, sa main était destinée à répandre et sur le riche et sur le pauvre d'inépuisables bienfaits. Malgré l'ignorance et l'obscurité du temps où il vivait, il sut faire beaucoup de bien et le faire d'une manière durable.

A cette époque on parlait un langage barbare; on ne savait pas écrire d'éloquens traités sur la bienfaisance; la philanthropie n'était pas une secte: mais la charité agissait puissamment sur les cœurs et enfantait des prodiges. Les sages de cette époque n'avaient pas d'autre philosophie que la foi. Bernard de Menthon trouva dans sa foi son génie et toutes ses inspirations; voilà quel fut le mobile de ses longs et pénibles travaux.

Averti par son grand âge du terme prochain de sa glorieuse carrière, le saint vieillard voulut se rendre à Rome pour faire approuver sa congrégation naissante. Le Chef de l'Eglise (2) le combla des marques de son estime et de sa bien-

(1) Pendant les fureurs révolutionnaires, un *citoyen* du temps s'entretenait avec Mgr l'Archevêque Bigex, réfugié au Grand-St-Bernard, en 1793, et lui disait en son langage : « Mais ce *Bernard de Menthon*, « c'était un grand homme.... c'était un vrai philanthrope.... oui vraiment ce *Bernard* était un brave homme. »

(2) Ce fut probablement le Pape JEAN XVIII, élu le 26 décembre 1003, et qui abdica l'année 1009. Ce premier acte confirmatif ne se retrouve plus.

veillance, prit sous sa protection le gardien des hautes Alpes; et dès-lors les successeurs de Pierre ont accordé bien des faveurs et des priviléges aux enfans de Bernard.

Au retour de ce pénible voyage, il tombe malade à Novare, plein de jours et de mérites; il n'y a plus rien qui le retienne sur la terre; en ce moment suprême toutes ses pensées se dirigent vers le ciel; la religion lui rend toutes les consolations que lui-même a prodiguées à tant d'autres. Il expire et va recevoir la couronne immortelle promise à ses vertus.

Ce fut au mois de juin de l'an 1008, selon Richard, son successeur, et d'autres témoignages respectables (1). D'après ses dernières dispositions,

(1) Quoique cette date paraisse beaucoup plus probable et qu'elle soit généralement adoptée, il est des auteurs qui placent la mort de saint Bernard en l'année 1007; dans d'autres monumens elle se trouve portée jusqu'en 1086, 1107, 1108, 1122. Voyez *Diario de' Santi e Beati dal Vicario Gioseffo Massa*, *tom. I°*, 15 *giugno*.

Un manuscrit de l'église de Novare de l'année 1424 (*Instrumentum translationis capitis sancti Bernardi*), porte que le Saint mourut à Novare en 1086; sans cependant citer aucun autre monument antérieur pour appuyer ce fait.

Un autre manuscrit sur parchemin, conservé dans la bibliothèque de la cathédrale de Novare (*Elogia in vitas Sanctorum....*), offre une difficulté plus grave. Il y est dit que, lorsque le roi de Germanie, Henri IV, se transportait en Italie pour exercer ses vengeances contre le Pape Grégoire VII, saint Bernard fut le joindre à Pavie, pour le dissuader de sa funeste entreprise. Or, cette rencontre ne peut avoir eu lieu qu'en l'année 1081, époque du voyage du Roi Henri (*). Le même manuscrit ajoute que ce fut au retour de Pavie que saint Bernard tomba malade et mourut à Novare.

(*) Voyez Fleury, *Hist. Eccl.*, Liv. LXIII, n.os 12, 13 et suiv.

son modeste héritage appartenait à sa Congrégation, et son corps devait reposer dans la cathédrale de la cité d'Aoste. Mais les Bénédictins de Novare, chez qui il était mort, retinrent la sainte relique dans leur monastère, qui a été ruiné dans la suite par Charles V, en 1552. De là le corps du bienheureux a été transféré dans l'église cathédrale de Novare, où on le conserve avec grande vénération.

Ainsi, à peine avait-il quitté la terre, que l'admiration et la reconnaissance des peuples lui décerna un culte religieux, autorisé d'ailleurs par des prodiges incontestables et par l'approbation de l'Eglise (1).

Je ne pense pas que, sur la foi de cette ancienne légende, on puisse regarder comme incontestable cette démarche de St. Bernard de Menthon auprès du Roi Henri, d'autant plus qu'on n'en trouve aucun autre vestige dans l'histoire de ce temps.

D'ailleurs, comme on suppose que le Saint mourut peu de jours après son retour de Pavie, cette date ne s'accorderait point avec celle de 1086, exprimée dans le manuscrit cité précédemment.

Tout considéré, je crois devoir donner la préférence à un autre manuscrit déjà cité (*Ecclesia Novariensis*), qui paraît avoir été fait avec beaucoup de sagesse et après plusieurs recherches sur la vie de saint Bernard de Menthon. Ce manuscrit, comme la foule des historiens, rapporte la mort du Saint à l'année 1008.

N. B. S'il m'a été donné de confronter les extraits des manuscrits de Novare cités dans cette note, j'en suis redevable à l'extrême complaisance du vénérable Prévôt du Grand-St-Bernard, le très-révérend Père Genoud, qui s'est empressé de mettre à ma disposition les titres, les manuscrits, les histoires relatives au saint fondateur de sa Congrégation. La bienveillance dont il m'a comblé dans toutes les relations que j'ai eu l'honneur d'avoir avec lui, et les services qu'il m'a rendus pour la rédaction de cette Notice, ne s'effaceront jamais de mon souvenir.

(1) On trouve le récit de plusieurs miracles opérés par l'intercession

Sa mémoire, également chère à la religion et à l'humanité, obtint des hommages unanimes. Il avait fui les regards des hommes et redouté l'illustration; mais l'éclat de ses vertus trompa sa modestie. En plaçant sur les Alpes deux monumens religieux, sans doute il n'avait pas prévu que son nom s'y attacherait et remplacerait celui du dieu des Romains.

de notre Saint, dans le manuscrit *Ecclesia Novariensis*; voyez aussi la fin de la vie écrite par le Docteur François Bernard, IVe partie : *La Vita marav. del Gran S. Bernardo*, *cap.* 12.

FIN.

Vu. Chambéry, 23 septembre 1832.

FORTIN, *Prévôt*, *Censeur Ecclés.*

Vu : est permis d'imprimer.

Chambéry, le 24 septembre 1832.

GUILLERMIN.

TABLE.

FIN DE LA TABLE.

Sommaire des principaux Chapitres

Premiers habitants de Chamonix ; domination romaine et burgonde. — Rapport des comtes de Genevois, des sires de Faucigny et des dauphins de Viennois à l'occasion de l'avouerie de Chamonix. — Etat de la vallée au XIe siècle, condition des personnes. — Vallorsine, origine allemande des premiers habitants (*Allemani Teutonici*). — Le Lac et Vaudagne. — Franchises de Chamonix, organisation communale, libertés. — Droit de fief des prieurs, leur limitation. — Droit de justice ; exercice de la justice criminelle par les prud'hommes (*probi homines, boni homines*), à l'exclusion du juge du prieuré. — Jugements rendus par les bons hommes dans les cas de sorcellerie et d'hérésie. — Droit pénal, jugements prononcés par le juge et les officiers du prieur, amendes inffligées. — Rapport des prieurs et des habitants avec les pays voisins. — Suzeraineté des princes de Savoie ; exercice des droits régaliens par les prieurs. — Les abbés de Saint-Michel de La Cluse, les prieurs et les moines ; leur rôle à Chamonix. — Comptes des recettes et des dépenses du prieuré. — Union du prieuré au chapitre de Sallanches ; luttes avec les habitants. — Service religieux. Mœurs, usages et coutumes, etc.

Un volume in-8° avec une carte de la vallée actuelle et reproduction d'une carte du XVIIe siècle ; fac-simile de l'acte de donation et de l'inscription de la Forcla. Prix : **6** fr., adressé franco.

Deux volumes de documents recueillis par M. Bonnefoy, notaire à Sallanches, et publiés par M. Perrin en forment le complément.

Les trois volumes ensemble **16** fr.

Les deux volumes de documents, seuls, **12** fr.

EXTRAIT

DU

CATALOGUE DE LA LIBRAIRIE A. PERRIN

CHAMBÉRY

Arve (Stéphen d'). — **Les Fastes du Mont-Blanc.** — Ascensions et catastrophes célèbres. 1 vol. in-8° .... 3 »

Bailly. — **Ornithologie de la Savoie**. 4 volumes in-8° avec 110 planches de 800 sujets .... 35 »

Barbier (Victor). — **La Savoie industrielle**. 2 beaux volumes in-8°.. 12 »

— **La Savoie minérale et thermale,** monographie. 1 vol. in-8°, illustré, avec carte coloriée .... 8 »

— **Monographie des livres rares et curieux de la Bibliothèque de la ville de Chambéry**. 1 vol. in-8°.. 5 »

Blanchard (Cl.). — **Histoire de l'abbaye royale d'Hautecombe.** 1 vol. in-8° .... 8 »

Boissat. — **Histoire de la Maison de Savoie**. 1 vol. in-12, avec carte 3 50

Brachet. — **Dictionnaire du patois savoyard**. 1 vol. in-8° 4 50

Buttet (Marc-Claude de). — **Œuvres poétiques.** 1 vol in-12 papier teinté .... 10 »

Chantre (Ernest). — **Etudes paléœthnologiques dans le bassin du Rhône** (âge du bronze). 3 vol. in-4°, avec cartes et album in-fol. de 80 planches .... 300 »

Chapperon (Timoléon). — **Chambéry au XIVe siècle.** 1 vol. in-4° .... 10 »

Costa de Beauregard (le comte Josselin) et A. Perrin. — **Catalogue de l'Exposition archéologique de la Savoie à l'Exposition universelle de Paris (1878)**. 1 vol. in-4°, avec 21 photographies hors texte .... 25 »

Dessaix (Joseph). — **La Savoie historique et pittoresque.** 1 grand volume in-4°, avec cartes géographiques et 100 gravures.... 30 »

De Jussieu. — **Histoire de l'Instruction primaire en Savoie**. 1 volume in-8° 2 50

Durier (Charles). — **Le Mont-Blanc.** — Ouvrage couronné par l'Académie française. 3e édition, avec une carte des routes du Mont Blanc. 1 vol. in-12. 1885 .... 3 50

Favre (le professeur). — **Recherches géologiques dans les parties de la Savoie, du Piémont et de la Suisse voisines du Mont-Blanc.** 3 beaux vol. in-8°, avec atlas et carte coloriée (édités à 80 fr.) .... 40 »

FORAS (le comte A. de). — **Le Droit du Seigneur au moyen âge,** étude critique et historique. 1 volume in-8° (1886)......... 3 50

— **Le Blason,** dictionnaire formulant, dans l'ordre alphabétique, les règles précises du blason. Magnifique volume in-4° avec armoiries en chromo (1886)........................ 200 »

— **Armorial et Nobiliaire de l'ancien duché de Savoie.** In-folio imprimé sur papier de Hollande, orné d'armoiries et de dessins en chromo. Le 1er volume et 14 livraisons du 2e sont parus. — Le tirage a été restreint au nombre des souscripteurs, aussi cet important ouvrage ne se trouve plus dans le commerce. (S'adresser à la librairie Perrin pour la cession d'un exemplaire.)

MAISTRE (le comte Joseph de). **Œuvres complètes.** Edition *ne varietur* en 14 vol. in-8°.. 80 »

MENABREA (Léon). — **Origines féodales dans les Alpes occidentales.** Beau volume in-4° (rare et épuisé).................. 30 »

METZGER — **La Conversion de Mme de Warens** avec nombreux documents. 1 vol. in-12 (1886)................................ 2 50

MORTILLET (Gabriel de). — **Géologie et Minéralogie de la Savoie.** 1 vol. in-8° avec planches.................................. 6 »

PERRIN (André). — **La Savoie antéhistorique, spécialement à l'époque lacustre** (âge du bronze). Grand album avec texte 15 »

— **Les Moines, l'Abbaye de la bazoche et les Compagnies de tir en Savoie.** 1 vol. in-8° avec planches..... 5 »

— **Catalogue du Médaillier de Savoie du Musée de Chambéry.** 1 vol. in-8° illustre........................ 8 »

— **Catalogue du Médaillier de Savoie du Musée d'Annecy.** 1 vol. in-8° illustré.......................... 5 »

— **La Savoie à travers les âges.** — Souvenir de la cavalcade historique du 14 juin 1886 (illustrations par MM. Daisay et Pélaz). 1 album, texte et planches................ 1 »

Le même tirage d'amateur..................................... 2 50

SAINT-GENIX (Victor de). — **Histoire de la Savoie des origines à nos jours.** 3 vol. in-8°.................................. 8 »

PILLET (Louis). — **Description géologique et paléontologique de la colline de Lémenc,** 1 vol in-8° et atlas............. 20 »

— LORY et VALLET: — **Carte géologique de la Savoie,** coloriée au 1/150.000 ; en feuille 12 fr., sur toile avec étui pour la poche .... 15 »

Envoi du Catalogue spécial sur demande.

Chambéry. — Imp. Chatelain.

www.ingramcontent.com/pod-product-compliance
Ingram Content Group UK Ltd.
Pitfield, Milton Keynes, MK11 3LW, UK
UKHW022025170726
13837UKWH00001B/399

9 782329 284163